Fui lá E VENCI

HISTÓRIAS REAIS DE SUPERAÇÃO

EDITORA
CHAVE MESTRA®

EDITORA
CHAVE MESTRA

Título original em Português: Fui Lá e Venci:-
Histórias de Superação

Direção editorial: Raquel Medeiros
Coordenação de revisão: Híllona Anjos
Revisão: Híllona Anjos
Assistente editorial: Amanda Oliveira e Eloiza Andrade
Diagramação: Daniel Marchesani
Branding de capa: Izzo Medeiros

Dados Internacionais de Catalogação na Publicação (CIP)

Vale, Rogério (Organizador)
V149 Fui lá e venci: histórias reais de superação / Rogério Vale – Barueri, SP: Chave Mestra Editora, 2024. 232 p. : 16 x 23 cm

ISBN 978-65-84979-97-0

1. Desenvolvimento pessoal. 2. Espiritualidade. 3. Vida Cristã. 4. Prosperidade. 5. Inteligência espiritual. 6. Fé. 7. Título

CDD 158.1

Sumário

Prefác

Este livro é uma compilação de 28 histórias, cada uma com um testemunho de superação pessoal. Ao longo destas páginas, os autores compartilham suas experiências reais de enfrentar e vencer adversidades. Eles vêm de diferentes contextos, mas todos têm uma missão em comum: inspirar os leitores a superarem seus próprios desafios.

O objetivo deste livro é claro e direto: mostrar através de exemplos reais que a superação é possível, independentemente das circunstâncias. Cada história é um exemplo de determinação, resiliência e coragem. Os autores não apenas narram suas dificuldades, mas também como conseguiram ultrapassá-las, oferecendo insights valiosos e práticos para os leitores.

"Fui Lá e Venci" serve como uma fonte de inspiração e encorajamento. Ele demonstra que, não importa quão difícil seja a situação, há sempre um caminho para a superação. Estas histórias são um lembrete de que a força e a perseverança podem levar a resultados extraordinários. Elas são um convite para que todos enfrentem suas lutas com esperança e determinação.

Após a leitura do livro, deixamos um convite a você: encare e vença todos os obstáculos que eventualmente surjam em sua vida. Vá em frente e triunfe!

Rogério Vale - CEO

Editora Chave Mestra

IDEC Educacional Brasil e Portugal

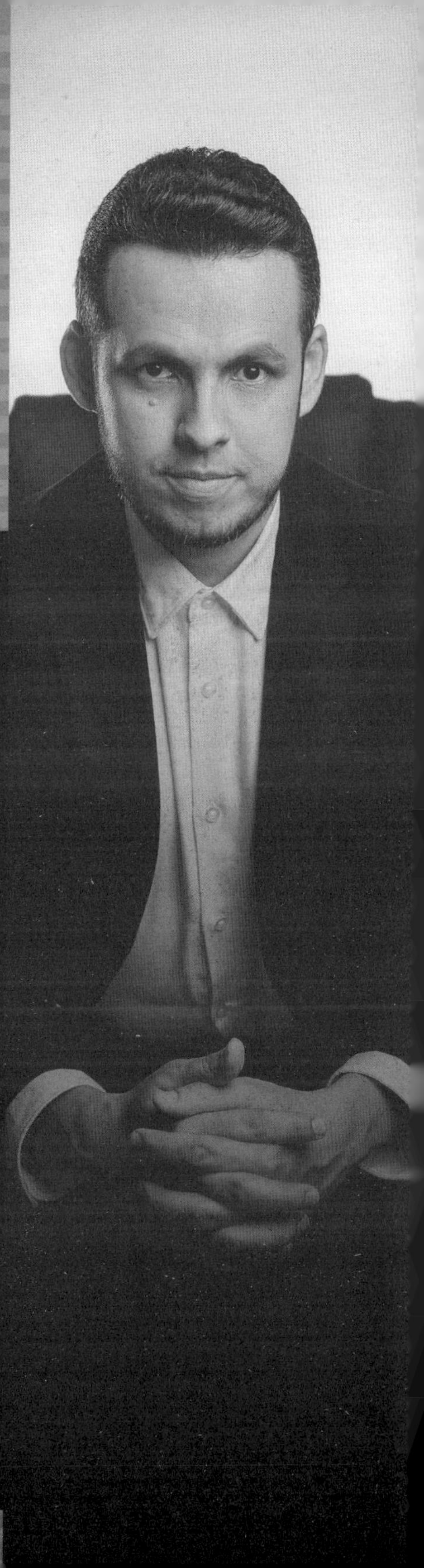

Ana Carolina Nogueira

Olá, sou Ana Carolina, estou muito feliz em compartilhar um pouco da minha história com você. Nascida em São Luis/MA, hoje moro em Alphaville/SP com meu esposo Adão e meus filhos Arthur e Lucas. Amo ler e criar memórias felizes ao lado da minha família.

Minha formação é em Administração, Neurociência, Coaching e Perfil Comportamental. Por 15 anos, atuei no mundo dos negócios, no entanto, há 6 anos, Deus me direcionou para um novo caminho e hoje sou uma treinadora de desenvolvimento emocional e minha maior missão é ajudar as pessoas a se livrarem de suas emoções tóxicas e viverem sua melhor versão, através da minha mentoria online.

Minha vida teve altos e baixos, mas foi somente quando decidir olhar para dentro de mim que conseguir caminhar com fé e determinação. Hoje, posso dizer que FUI LÁ E VENCI.

+55 (11) 99299-6828

anacarolinansp

kroline.pereira@hotmail.com

01 VIVENDO ALÉM DAS EMOÇÕES

Por Ana Carolina Nogueira

O pior confinamento não é aquele que aprisiona o corpo, mas sim aquele que sufoca a mente e algema a emoção. Nossa maior liberdade acontece de dentro para fora, quando sentimos a paz que excede todo entendimento, mesmo diante dos desafios. Ser livre é não ser escravo dos erros do passado e nem prisioneiro das preocupações do amanhã.

Alguns eventos negativos marcaram a minha história, e começaram logo na infância, com o abuso que sofri de um dos amigos dos meus pais, que frequentava nossa casa. Durante a minha infância e adolescência, presenciei muitas brigas por causa do excesso de bebida do meu pai. Minha mãe quase nunca contava as coisas para ele, pois quando tentava compartilhar, infelizmente ele recorria à bebida como solução. Assim, ela acabava assumindo toda a carga sozinha.

Mesmo sendo apenas uma criança, eu observava tudo o que acontecia. Meu pai sempre foi um homem honesto e trabalhador, mas nunca tínhamos dinheiro sobrando e sempre vivíamos com dificuldades financeiras. Mudei de escola várias vezes. Lembro-me de minha mãe dizer que eu tinha vindo "por acaso", já que nasci depois de 10 anos dela ter tido minha irmã do meio. Nunca via meus pais sonhando ou planejando algo que gostariam de fazer juntos ou em família.

Como tudo tem uma consequência, seja boa ou ruim, cresci insegura, cheia de medos, raiva, culpa, ressentimento, impaciência, com uma raiz de rejeição gigante, uma carência afetiva, sentimento de inadequação, muitos pensamentos negativos, escassez, zero crença de merecimento, dificuldades em abraçar e demostrar carinho; era crítica, desconfiada, vivia na defensiva e se alguém falasse algo, eu já tinha uma resposta pronta para me defender.

Em meio a essa estrutura emocional negativa, eu fui em busca da grande realização da minha vida: tinha me formado em administração e aproveitei a oportunidade da mudança de estado para realizar o sonho de empreender. Mas o que inicialmente foi a realização de um sonho, se tornou em um grande pesadelo, e no meio desse turbilhão descobri que minha mãe estava com câncer e os médicos haviam dado 30 dias de vida para ela e infelizmente ela veio falecer no tempo que o médico falou.

Eu não tive estrutura emocional para lidar com tantas perdas ao mesmo tempo, lembro que percebia meu corpo vivo, mais a minha alma parecia que tinha deixado de existir, estava "morta-viva", vazia por dentro. Tive um quadro de depressão, me isolei e meu contato era basicamente com meu marido, meus filhos e minha advogada que depois se tornou minha melhor amiga.

Um dia, lendo a Bíblia, Deus falou comigo no livro de Lucas 5:37-39: "Filha, *'ninguém põe vinho novo em odres velhos; se o fizer, o vinho novo romperá os odres, se derramará, e os odres se estragarão. Ao contrário, vinho novo deve ser posto em odres novos. E ninguém, depois de beber o vinho velho, prefere o novo, pois diz: 'O vinho velho é melhor!'*". Chorei tanto, tanto! Infelizmente, foi nesse momento de profunda escuridão que percebi que precisava de um alinhamento emocional de dentro para fora: corpo, alma e espírito, pois a vida ia muito mais além dos resultados negativos, e eu tinha que me libertar daquela prisão invisível que me prendia.

Decidi buscar ajuda, enfrentar meus medos e traumas de frente, não podia mais permitir que as feridas do passado ditassem meu presente e meu futuro, até porque as pessoas mais importantes da minha vida, meu marido e meus filhos, pagavam o preço dessa instabilidade emocional. Talvez você se pergunte: "Como identificar o que me aprisiona se não posso vê-lo?", através de um diálogo interno com você, fazendo uma linha do tempo da infância até o momento atual.

Como está sua vida hoje? Quais os seus maiores sonhos? Qual parte da sua história de vida você considera mais inspiradora? O que verdadeiramente te faz feliz? Como está a qualidade das suas emoções, das suas relações pessoais e interpessoais? Seus filhos se sentem à vontade para desabafar com você? Quando você se olha no espelho, gosta do que vê? O quanto você tem crescido como pessoa e profissionalmente nos últimos anos? O quanto você percebe que as pessoas ao seu redor são mais felizes só porque você existe? O que você realizou nos últimos anos te deixa feliz? Colocar tudo no papel é poderoso.

Algumas dessas perguntas me levaram a uma profunda reflexão e consciência sobre meu estado atual, foi então que percebi que os traumas da infância, decepções e frustações da fase adulta estavam dirigindo minha vida.

Quando há um desalinhamento na estrutura emocional e a identidade é distorcida, não tem como viver uma vida com propósito e tudo que eu sentia era um grande vazio e dizia para mim mesma: "Vai ficar tudo bem!", "A vida é assim mesmo!", "O sol não nasce para todos!", "Fica em paz!", só que às vezes, a paz só durava alguns dias e aquele sentimento de vazio retornava.

Deixe-me te dizer algo: isso não é normal.

Comecei a trabalhar na minha autoconsciência, identificando os padrões de pensamento negativos e tóxicos que me limitavam. Percebi que precisava substituir esses pensamentos por outros mais positivos e construtivos. Iniciei uma jornada de autoconhecimento, entrei para faculdade de Psicologia, fiz pós-graduação em Neurociência, formação em *master coach*, fiz várias sessões de terapia, participei de vários cursos de inteligência emocional, retiros espirituais, dediquei tempo na presença de Deus lendo a Bíblia, tudo em busca de curar minha alma e compreender minhas emoções e meu real propósito de vida.

As emoções são parte fundamental de nossa vida, pois nos permitem expressar nossos sentimentos e nos conectarmos com o mundo ao nosso redor. No entanto, quando reprimimos nossas emoções e não as expressamos, podemos acabar acumulando uma sobrecarga emocional que, em algum momento, inevitavelmente, encontrará uma forma de sair. Essa repressão é prejudicial, se não falada, se transformará em raiva, tristeza profunda ou outros comportamentos negativos, que era o que acontecia comigo.

Quando as emoções estão dominando, perdemos a capacidade de agir de forma racional e consciente, elas te controlam e te impede de avançar, foi o ponto que cheguei. É importante lembrar que as emoções são parte essencial da nossa experiência humana, devemos reconhecê-las e compreendê-las, mas também aprender a controlá-las. Isso não significa que devemos ignorar nossos sentimentos, mas sim encontrar um equilíbrio saudável entre emoção e razão.

Ao administrar as minhas emoções, evitei reações impulsivas, procrastinação e autossabotagem, comecei me tornar uma pessoa mais produtiva e feliz. Quando está no controle das emoções, você passa a considerar as consequências de suas ações e toma decisões mais conscientes, assim enfrenta os obstáculos com resiliência de determinação. Cuidar das emoções é como cuidar de um filho.

Nessa jornada, aprendi a importância de cuidar do meu corpo, da minha mente e do meu espírito, pois são partes essenciais de quem eu sou. Aos poucos, fui reconstruindo minha vida emocionalmente. Aprendi a lidar com as dores do passado, a perdoar e a me perdoar. Através desse processo de cura, percebi que a minha história não me define, mas sim as escolhas que faço a partir dela. Eu sou mais do que os rótulos que me foram impostos, mais do que as experiências negativas que vivi. Sou uma pessoa capaz de superar desafios, de encontrar a felicidade e de construir uma vida plena. E você que está lendo, também.

Hoje, sou uma mãe, esposa e filha amorosa, transmitindo a eles os valores de amor, respeito e cuidado que aprendi ao longo da minha jornada. No meu lar tem paz, alegria, sentamos à mesa e celebramos os momentos. Entendi que a cura não é um processo linear, mas sim uma jornada contínua. A cada dia, escolho ser a melhor versão de mim mesma, construindo novas e boas memórias.

Algumas técnicas pratico ao longo desses 7 anos, como autogerenciamento emocional, meditação, respiração consciente, que me ajuda a acalmar minha mente e encontrar equilíbrio emocional; cultivo empatia servindo pessoas que não podem me dar nada em troca e faço atividade física diariamente para ativar minha farmácia interna, amo correr.

À medida que fui trabalhando na minha estrutura emocional, passei falar e pensar naquilo que eu quero e não no que eu não quero, tenho uma mentalidade positiva e resiliente, recuperei minha autoestima, e hoje tenho clareza dos meus sonhos e enfrento os desafios com coragem e determinação.

Tem uma passagem bíblica que me fortalece e leio constantemente, João 16:33: *"Eu lhes disse essas coisas para que em mim vocês tenham paz. Neste mundo vocês terão aflições; contudo, tenham ânimo! Eu venci o mundo."* Ela me ajuda a lembrar todos os dias que, apesar das aflições, devo caminhar com bom ânimo, alegria, gratidão e esperança. Não permito mais que as emoções negativas me dominem, pois entendi que sou responsável pela minha própria felicidade e pelo rumo que minha vida toma. Quando olho para trás, vejo o quanto cresci e evolui como pessoa. A cela invisível que me aprisionava foi quebrada, as dores da infância e as frustrações perderam poder sobre mim. Agora, sou livre e ajudo milhares de mulheres a estarem no controle de suas emoções.

Em conclusão, quando vimos ao mundo, somos como uma folha em branco, prontos para absorver tudo o que ouvimos e vemos ao nosso redor, pois nosso comportamento é aprendido. Essa influência pode nos moldar de maneira positiva ou negativa, dependendo dos valores e comportamentos que nos são transmitidos. No entanto, também temos a capacidade de fazer escolhas e moldar nossa própria história, buscando experiências e conhecimentos que nos tornem pessoas melhores. Cabe a cada um de nós decidir como queremos ser vistos pelo mundo, se é como vencedores ou como vítimas.

Viver além das emoções é superar a si mesmo, um dia de cada vez. Essa tem sido a minha jornada de vida. Espero que a minha história possa te inspirar, pois você nasceu para dar certo.

Eu fui lá dentro de mim e venci!

“

Viver além das emoções não implica em ignorá-las, mas sim encará-las de frente e convertê-las em sentimentos bons, perfeitos e agradáveis.

Ana Carolina Nogueira

Ana Paula Martínez

Meu nome é Ana Paula, nasci e cresci em São Paulo, vivo em Brasília/DF com minha família há 13 anos. Estou casada com o Marco Antônio há 13 anos e juntos a 18, mãe do Victor, Sophia e Ghael.

Me desempenho como *coach*, *personal trainner* e empreendedora na área do esporte e lazer, além de atuar na aviação internacional há 18 anos.

Também formada em Administração, pós-graduada com MBA pela FGV em Gestão Estratégica de Pessoas e bacharel em Educação física, paixão descoberta no processo e experiência no esporte; quando atuei como atleta de alto rendimento no fisiculturismo, descobri o meu maior desafio e desenvolvi formas de vencer. Vencer a minha mente e as minhas dores mais profundas.

Desde então, decidi ajudar outras pessoas a encontrarem o melhor de si, através do *coach* do esporte, do autocuidado, autoamor e na disciplina que o esporte desenvolve, encontrando assim o seu real potencial e empoderamento.

+55 (61) 98222-3036

ana_paulamartinez

paulamart0202@gmail.com

Ana Paula Martínez

02 VENCER É SOBRE SENTIR, VENCER É NÃO DESISTIR DE VOCÊ!

Por Ana Paula Martínez

Afinal, o que é vencer?

Qual sentimento você tem quando diz a palavra vencer? E o que te faz sentir vitorioso(a) diante de tantos desafios e acontecimentos na vida?

A que este sentimento de vitória nos remete?

Aprovação, validação, aceitação, reconhecimento?

O que é de fato vencer?

Vencer talvez não se trate e nunca tenha se tratado de subir ao pódio, ou pegar o primeiro lugar... ou uma conquista específica, de um cargo ou uma posição na vida, mas sim uma conquista diária de nós mesmos. Vencer vai muito além do que podemos explicar. Entretanto, meu desafio aqui é mostrar, em palavras, o que podemos chamar de vencer. Então eu fui buscar, dentro de mim, o melhor da minha essência e da minha história para tentar descrever da melhor forma o que é vencer ou ao menos o que tem sido vencer dentro de mim.

Eu poderia começar relatando a história da minha vida, mas ela é carregada de dor, de uma infância difícil e violenta, mas não o farei. Cada ser humano tem uma forma de registrar e codificar suas experiências. Eu codifiquei as minhas da minha forma e, hoje, quando olho para trás e vejo que se eu não tivesse procurado ajuda e se a vida em sua magnitude não tivesse me levado a uma dor ainda mais profunda, talvez eu nunca tivesse saído daquele ciclo o qual eu passei a me colocar da minha adolescência em diante.

Eu comecei um trabalho de tentar ressignificar a minha vida com meus pais em terapias intensas aos 32 anos e, aos poucos, aprendi a ver a minha criança e a perceber quanta dor existia dentro de mim, quanta raiva eu trazia no coração e o quanto eu machucava outras pessoas por essa razão.

Mas minha ficha só caiu mesmo quando eu, grávida de 8 meses do meu terceiro filho, vi minha mãe partir repentinamente, meu filho nascer e em menos de 60 dias, meu irmão também partir. Isso foi em 2016, em um intervalo de 3 meses. Eu vi duas vidas findarem, ao passo que uma nova vida chegava através de mim. E sim! Foi um ano muito turbulento. Eu não sabia o que fazer com tantos sentimentos porque ali, também, eu trazia muita culpa. Me culpava por ter perdido tanto tempo, por ter julgado minha mãe, não ter feito a última ligação. Por não ter dado aquele abraço na última vez que nos encontramos.

Minha mãe era meu porto seguro e eu não sabia. Porque meu orgulho gigantesco e minha arrogância de quem a julgava não me deixavam ver. A partir deste fato, eu só chorava, era um luto sem fim... fiquei "de mau" com Deus, eu não conseguia amar meu filho... e não tinha a menor paciência com ele, não conseguia recebê-lo como ele merecia. Não podia sentir amor, culpa e dor ao mesmo tempo. O que dentro de mim só pioravam as coisas, mas se entregar ou desistir nunca fez parte da minha personalidade, então eu decidi lutar. Aos poucos, eu fui aprendendo a liberar a dor, a ver a minha fragilidade, a aceitar que eu poderia ser frágil, pedir ajuda e aceitar ajuda. A chorar... e chorei... foram longos 2 anos sentindo uma dor profunda. E chorando muito...

Mas foi a partir dessas duas perdas e essa nova chegada que eu comecei uma nova caminhada. Assim, entre as terapias, comecei a buscar ajuda em cursos de inteligência emocional, *coach* e constelação familiar e, paralelamente a isso, comecei, então, a me dedicar ao esporte. E assim como eu fazia na infância, criei uma meta, um FOCO. Um caminho mental para suportar mais uma vez a dor que a vida me apresentava.

Quando eu era criança, ao ver minha mãe e meus irmãos serem agredidos, eu sempre criava uma história mental dentro de mim no futuro. E nesta história, eu estava superando tudo isso, realizando meus sonhos, sendo quem eu sonhava ser. Era como se eu criasse um mundo paralelo capaz de me distanciar da dor e da realidade. Podemos chamar isso de um caminho mental? Eu acredito que sim. Porque eu o usei novamente neste período de dor da minha vida.

Em um dos cursos de inteligência emocional que fiz, o palestrante trouxe uma teoria de que duas coisas movem o ser humano, uma é a fuga da dor e a outra, o prazer. E sim... eu sempre fui movida pela fuga da dor que eu carregava. E precisei encontrar prazer em coisas e realizações para me distanciar cada vez mais da dor.

Mas dessa vez usei mais um artifício: o de busca. Comecei a me dedicar ao esporte como nunca havia me dedicado. E, inconscientemente, virei o "Rock Balboa" feminino. Eu descontava toda minha raiva na prática do esporte. Ali, eu decidi que seria uma atleta, que eu precisava ter o foco em algo, que teria vários ganhos indiretos fazendo isso... e mais uma vez lá estava eu, fugindo da dor e, assim, racionalmente o fiz. Dessa forma, obtive vitórias e consequentemente prazer.

Nos dias de hoje, já é sabido a importância da atividade física no combate à depressão e ansiedade, pois, através desta prática, liberamos inúmeros hormônios que nos beneficiam fisicamente e mentalmente. É claro que isso também foi um fator contribuinte no meu processo de superação. Essa liberação hormonal, de fato, mudou meus dias. Mas e a cura emocional? Provei a mim mesma que eu conseguia, mas e depois?

Foi nesse período que nasceu a Educação Física na minha vida. Porque aqui eu comecei a encontrar propósitos. E aqui eu fiz as pazes com Deus em algum momento. Aqui eu comecei a encontrar mulheres e homens que, como eu, traziam muitas dores em seus corações e em sua autoestima, mas não sabiam como lidar com elas. Talvez porque através da minha experiência e história tomei consciência que por trás do que expressamos no corpo, existe um registro bem mais profundo na alma.

A verdade é que a vida não é assim. Essa matemática, essa receita de bolo ou essa estratégia emocional controlada, como eu tentei fazer comigo mesma... e ela nos cobra, em determinados momentos, assumir quem realmente somos e encarar nossos vazios. É isso ou só progredir materialmente, mas viver no vazio eternamente.

Eu ainda luto, vivo em busca do autoconhecimento constante e, a cada momento, me surpreendo com fatos sobre mim mesma. E sinceramente? Essa busca nunca acaba! A diferença é que hoje eu conheço o verdadeiro sentido da felicidade plena, quando olho para minha família, meus filhos, minhas realizações, meus resultados. Hoje eu já posso contar um pouco do meu passado sem sofrer, porque eu venci milhões de sentimentos nesta jornada.

O fato mais inegável é que eu não desisto dos meus objetivos e de onde eu quero chegar, e tão pouco de quem eu quero ser e me tornar. Então concluo que vencer não é sobre ganhar ou perder, porque ganhamos na trajetória. Vencer é sobre não desistir. É sobre ressignificar e dar um novo sentido às dores. E essa é a lição que tenho aprendido. Não desistir de você, de lutar, não se entregar, mas sim repousar. Repousar quando o desânimo bater, refletir, internalizar, se assumir e se aceitar. Tomar fôlego e seguir em frente.

Vencer é sobre aceitar que você vai contar histórias mentais para te fazer suportar uma dor, mas você nunca poderá mentir para você sobre a presença dessa dor, desse medo, dessa rejeição, dessa luta interna que temos com a vida, com nós mesmos e com a nossa história. E, em algum momento, nós teremos que encará-la. Aceitá-la, acolhê-la e validá-la em nós e está tudo bem. Faz parte do nosso processo evolutivo.

Vencer é, sobretudo, saber gerenciar seus sonhos, sua família e suas escolhas. Jamais terceirizando seus insucessos e consequências de seus atos. Vencer é conseguir assumir. Sim, eu errei, porque naquele momento era o melhor que eu podia ser como mãe, como filha, como amiga, como profissional, como esposa. Mas, tomando consciência disso, tomar uma decisão e se esforçar para ser uma pessoa melhor dali para frente.

Vencer é saber pedir perdão e respeitar o seu não perdão porque ele também tem seu tempo de florir. Vencer é não desistir de você sob alegação de que fez por alguém, mas sim que você não teve coragem ou garra suficiente e está tudo bem!

Vencer é ser autorresponsável sobre suas escolhas e seus gerenciamentos diante dos embates da vida, porque eles sempre virão. O que determinará sua vitória sempre será a forma que você lida com cada desafio deste mundo. E isso fará toda diferença, porque vencer não é sobre vencer..., mas é sobre sentir.

Vencer é sobre transformar e encontrar o melhor de si mesmo e dos outros em cada novo desafio apresentado pelo mistério da vida na nossa evolução espiritual, moral e humana. Vença dentro!

Só quando descobrimos nossa real identidade é que as coisas fluem com naturalidade na vida, sem vícios emocionais, dores ou máscaras, passamos a aceitar que também podemos errar e isso faz parte do um ciclo evolutivo. Então, ao tomarmos consciência sobre nós, começamos a trocar o "pedir perdão", por: "Sinto muito, foi o melhor que eu podia ser", a compreender que o mesmo se refere ao outro. Passamos a assumir nossas limitações, a trabalhar em cima delas, não entramos em discussões vazias, pedimos desculpa com naturalidade porque a humildade de reconhecer é maior que o orgulho, você não se julga mais, se aceita. E na prática? A prática exige coragem, ousadia, persistência.

O processo não é simples, tampouco uma fórmula, mas a cada descoberta perceberá, que trilhar um caminho evolutivo "se vencendo" a cada dia, o torna mais feliz, pleno e realizado, mais leve a vida fica e flui.

Essa busca nunca é sobre o outro ou conquistas materiais, ela é sempre sobre nós e o que não queremos ver dentro de nós. Ela se trata de uma limitação nossa que não queremos aceitar. Então vença a si mesmo primeiro, vença seus limites, suas dores, seu orgulho, seu egoísmo, seus medos, e depois defina vencer. Porque vencer, ao menos para mim, sempre foi e sempre será sobre sentir, todo o resto é consequência.

Agradecimentos

Aos meus pais, que da forma que puderam me ensinaram sobre a vida; a minha família, esposo e filhos, que são a base para tudo que realizo neste mundo; a Deus que nunca me desamparou e sempre me iluminou; aos profissionais envolvidos no meu processo; a minha psicóloga Norma, em especial, que transborda amor ao próximo em sua profissão.

"

A diferença entre quem consegue e quem não, se chama persistência. Vencer é sobre não desistir. Vencer é sobre sentir.

Ana Paula Martínez

Andréia Medeiros

Sou Andréia Medeiros, natural de Patos/PB, resido em Imperatriz/MA com a minha amada família: meu esposo Tadeu Barros, com quem sou casada há 18 anos e minha filha Maria Eduarda.

Sou empresária, mentora, *coach*, analista de perfil comportamental, escritora, master especialista comportamental e CEO do Atacadão dos Bonés e ME Bordados. Acumulei mais de 1 mil horas de atendimentos individuais e em grupo, guiando centenas de mentorados em vários estados do Brasil.

A minha história de sucesso não foi sempre assim. Superei grandes desafios e provei que é possível mudar a própria vida através do autoconhecimento e de um desejo ardente de ajudar pessoas a se desenvolverem e evoluírem em todas as áreas de suas vidas.

+55 (99) 9998815-4781
andreiamedeiroscoach
atacadaodosbonesitz
mebordadoseestampas
andreiaalves.123@hormail.com
Andréia Medeiros

03 MENTALIDADE DE SUCESSO

Por Andréia Medeiros

Todos nós sonhamos em ter sucesso. Se você é como a maioria das pessoas, já passou bastante tempo pensando sobre o que constitui o sucesso, como alcançá-lo e quão bem se sentirá quando finalmente atingir seus objetivos.

O segredo é executar cinco etapas principais que ajudarão você a atingir seus objetivos e a realizar o que se propuser a fazer. Neste relatório especial, mostrarei cada uma dessas etapas essenciais e explicarei o que você precisa fazer para chegar aonde deseja. Vamos começar!

Etapa 1 - Acredite em si mesmo

Ser bem-sucedido está diretamente vinculado à autoconfiança. As pessoas que duvidam constantemente de si mesmas frequentemente não conseguem alcançar seus objetivos, porque seus pensamentos negativos agem como sabotadores, impedindo-as de fazerem o que querem. É por isso que o primeiro passo da mentalidade de sucesso é acreditar em si mesmo.

Quando você define uma meta, pode ser que certas pessoas em sua vida duvidem dela ou a considerem irracional ou inatingível. Pode ser que você também ouça uma vozinha na sua cabeça dizendo que você não é capaz de fazer. Evitar a autocrítica é mais difícil, pois você a carrega consigo. Uma boa opção é reformular a negatividade e imaginar que, em vez de estar falando consigo mesmo, você está conversando com um amigo querido. Você não seria grosseiro ou insensível com um amigo, portanto também não se trate dessa forma!

Identificando seus pontos fortes

Acreditar em si mesmo é mais fácil quando você reconhece seus pontos fortes. Todos nós temos coisas que fazemos bem, então por que não as enaltecer?Anote seus traços e habilidades mais fortes e depois transforme-os em afirmações.

Etapa 2 - Teste ideias para comprovar que valem a pena

Você provavelmente tem muitas ideias. Algumas são boas e - vamos ser sinceros - outras não são. Como você pode avaliá-las? Testando-as!

Testar suas ideias e produtos é essencial - e não é tão difícil entender o porquê. O que você prefere fazer: gastar seu tempo e dinheiro desenvolvendo e lançando um produto para depois descobrir que suas vendas estão abaixo do esperado ou passar algum tempo testando e ajustando suas ideias antes de investir seu dinheiro suado no lançamento? A resposta é óbvia, certo? É melhor usar seu tempo para fazer testes iniciais e depois de testar, ajustar sua ideia e testá-la novamente, assim você será capaz de ter uma boa noção dos rumos do seu projeto.

Pesquisa de mercado

Uma maneira de aumentar suas chances de sucesso é fazendo uma pesquisa de mercado antes de gastar tempo e dinheiro tentando iniciar seu negócio. Você pode apresentar suas ideias a alguns amigos ou familiares próximos.

Com relação a produtos, isso é um pouco mais complicado. Mas você pode fazer uma pesquisa no Google por produtos de seu nicho ou gastar alguns minutos na Amazon vendo o que está disponível. Se você encontrar um produto que faça exatamente o que o seu fará, você precisará reformulá-lo. A parte mais importante de testar ideias é garantir que você tenha uma proposta de valor exclusiva. Esse é o diferencial do seu produto ou de sua ideia!

Identificando problemas e encontrando soluções

É mais provável que você tenha sucesso se for capaz de identificar produtos ou serviços que forneçam soluções para problemas enfrentados pelo seu público-alvo. As pessoas procuram respostas *online*.

Estabelecendo metas/pequenos passos para o sucesso

Você sabe definir metas? Definir metas é muito mais do que simplesmente dizer: "quero ter um negócio de sucesso". Você já deve ter ouvido falar sobre as metas SMART. Isso significa definir metas que sejam S (Específicas), M (Mensuráveis), A (Atingíveis), R (Relevantes) e T (Temporais).

Este livro é sobre adquirir uma mentalidade vencedora de sucesso, mas "sucesso" é uma palavra muito abrangente quando se trata de definir metas. Aqui estão alguns exemplos de metas SMART:

— Incorporar um novo negócio;

— Gerar US$ 50.000 em rendimentos no primeiro ano;

— Atrair 10 novos clientes no primeiro trimestre;

Você pode notar que todas essas metas são específicas e alcançáveis - e, no caso das metas baseadas em rendimentos e clientes, elas também são mensuráveis e temporais.

Viabilizando metas

Se você já fez uma lista de tarefas, deve ter notado como é gratificante riscar os itens concluídos. Algumas pessoas colocam até mesmo tarefas simples em suas listas pois sabem que poderão concluí-las rapidamente. Quando for definir suas metas, pegue todas as metas de longo prazo e divida-as nas menores etapas possíveis. Concentre-se no que deseja atingir e divida suas metas para que seja mais fácil alcançá-las. É muito mais provável que você chegue aonde deseja se definir metas viáveis e coerentes.

Etapa 3 - Aprenda com os erros

Tudo tem seu lado bom – até mesmo os erros. É um pouco clichê dizer que erros são oportunidades de aprendizado, mas isso é uma verdade. Assim como os fracassos, os erros também são importantes. Todos nós os cometemos. O que importa é a maneira com a qual lidamos com eles – é isso que define a diferença entre sucesso e fracasso.

Transformando erros em oportunidades

Ninguém gosta de cometer erros. Errar não é divertido. Mas todo empreendedor de sucesso precisa estar à vontade com isso - e aprender a ver os erros como oportunidades. Quando você cometer um erro, respire fundo e pergunte: "O que eu posso aprender com isso?" Depois de identificar o que pode ser aprendido, use a lição para criar sua próxima oportunidade. Quando você adquirir o hábito de agir dessa maneira, tudo ficará mais fácil.

Etapa 4 - Concentre-se em seus clientes

O cliente tem sempre razão. Essa é uma afirmação óbvia quando se trata de atendimento ao cliente, mas ela é muito importante para que você conquiste o sucesso.

Por que você deve focar no que os clientes querem/precisam?

Seus clientes são a alma do seu negócio. Se eles não estiverem felizes, seu negócio fracassará. É simples assim.

Criando uma ótima experiência do início ao fim

A experiência de um cliente começa quando ele conhece a sua empresa ou produto e perdura enquanto ele fizer uso de seu produto.

Fornecendo valor

Qual é o segredo para atrair clientes? VALOR. Antes de gastar dinheiro com seu produto, as pessoas vão querer saber se ele cumprirá com suas promessas. Portanto, você precisa ser muito claro quanto ao valor oferecido pelo produto antes mesmo que elas o adquiram. Entregar valor desencadeia uma reação mental chamada *reciprocidade*. Quando você oferece algo de graça aos clientes - mesmo que sejam apenas informações - é mais provável que eles se sintam obrigados a comprar com você.

Tornando-se uma autoridade

As pessoas respeitam figuras de autoridade. Você pode provar sua autoridade fazendo o que acabei de mencionar - oferecendo valor aos seus clientes. Mas autoridade é mais que isso. Trata-se de mostrar que você é uma fonte confiável e conhecedora de informações.

Etapa 5: Forme sua equipe de sucesso

Se você quer ter sucesso, não pode alcançá-lo sozinho. Você pode até ficar tentado a fazer isso, é claro. Jogar em todas as posições pode levar você a economizar um pouco. Mas, no final das contas, o barato sai caro.

Dicas para formar uma equipe:

A ideia de formar uma equipe pode ser intimidadora, principalmente se você pensa em contratar pessoas e lidar com impostos e seguros. A boa notícia é que você não precisa fazer essas coisas, a menos que queira. Muitas empresas terceirizam tarefas conforme suas necessidades, ou seja, você não é obrigado a contratar pessoas em período integral ou mesmo em meio período.

O primeiro passo é definir quem você precisa em sua equipe. Você está tendo dificuldades para atualizar suas mídias sociais? Você pode terceirizar essa tarefa para alguém com mais experiência. Talvez você precise de um contador para pagar contas uma vez por semana. Talvez você precise de alguém que tome conta da folha de pagamento. Não há nada de errado em você continuar sendo responsável pelas principais tarefas, mas seu objetivo deve ser maximizar a eficiência e priorizar a precisão.

Considerações finais

Obrigada pela leitura de Mentalidade Sucesso.

As 5 etapas descritas aqui são aquelas que você deve usar para seguir o caminho do sucesso.

Lembre-se:

Grande parte do sucesso está em acreditar em si mesmo e obter a ajuda necessária (tanto de si mesmo quanto de outras pessoas) para alcançar seus objetivos. Se você conseguir manter uma mentalidade positiva e ser metódico quanto ao planejamento, será capaz de conquistar o sucesso que merece.

Boa sorte e sucesso!

O melhor ainda está por vir!

"

A mentalidade de sucesso é acreditar em si mesmo.

Andréia Medeiros

Andressa Erthal

Sou Andressa Erthal, de Montenegro/RS, resido com meu noivo, William. Sou filha amada de Deus e filha da Dóris e do Valdir. Sou determinada, otimista, paciente e boa ouvinte.

Sou administradora, *master coach*/FEBRACIS, analista de perfil comportamental e de percepção infantil, escritora, tenho MBA em GIL (Gestão, Inovação e Liderança), pós-graduada em Neurociência e Performance Humana, e, pós-graduanda em Psicologia Positiva. Tive uma experiência no Centro de Treinamentos de Astronautas da NASA, em Houston, no Texas/EUA. Atuo nas áreas de gestão, marketing e desenvolvimento de pessoas, através do *coaching*, na Erplasti.

Depois de superar grandes desafios, descobri a minha real identidade e fui encontrada pelo meu propósito, posso dizer que hoje sou realizada e feliz com tudo que construí.

+55 (51) 98163-9928
and_erthal
andressa.erthal93@gmail.com

04 VIVA A JORNADA E RESPEITE O PROCESSO

Por Andressa Erthal

Se eu pudesse te dar um conselho, seria: viva a jornada. Em um mundo tão imediatista, onde tudo acontece muito rápido, por vezes, queremos ter logo uma solução. E são nesses momentos que deixamos de apreciar a jornada e viver o processo. É necessário passarmos por circunstâncias, muitas vezes, dolorosas, para conseguirmos evoluir e ir para outra estação.

Digo por experiência, aconteceu comigo, e só consegui vencer quando parei, respirei e tive consciência do que estava acontecendo na minha vida. Com muita coragem, verdade e humildade, entendi que precisava de ajuda e, que, qualquer resultado só dependeria de mim. Não precisaria ser fácil, mas seria possível, então mergulhei em um processo de autoconhecimento, cura e fé. Sigo nessa jornada, nunca estarei pronta, mas o meu objetivo é ser 1% melhor do que eu fui ontem, todos os dias. O que eu sou hoje me trouxe até aqui, mas as escolhas que farei a partir de agora, serão o que vai me levar para um próximo nível próspero e abundante.

O meu mundo desabou há 5 anos, quando fui diagnosticada com anorexia nervosa, definitivamente, eu não entendia o que estava acontecendo comigo. Vivi por muito tempo com a minha mente me atordoando a todo momento, com controles excessivos em todas as minhas refeições e para mim estava tudo bem. Afinal, estava "em forma" e gostava do resultado. Por muito tempo não tive consciência e achava normal comer pouco e ter as roupas mais soltas. A verdade é que nunca estive acima do peso, não sabia explicar o que passava pela minha cabeça. Em uma certa vez, tive infecção intestinal, fiquei debilitada 2 semanas e emagreci mais. E, pasmem, no fim, achei bom, porque tinha emagrecido. É algo inexplicável, como a pessoa poderia ter gostado de ficar ruim para ter aquele resultado? Um grande absurdo, mas até então, não reconhecido.

A consequência disso foram pessoas me parando e dizendo: "Nossa, como você está magra!", até esse ponto estava tudo bem. A questão foi quando pessoas começaram a me perguntar: "Você está doente?", "Você está muito magra", "O que você tem?" e foram muitas pessoas. Foi então que em um dia eu desabei, chorei e me perguntei o porquê daquelas perguntas. Minha família começou a me questionar também, se eu estava gostando de mim daquela maneira, se eu pensava que estava acima do peso. Após isso, resolvi procurar uma nutricionista, para verificar como estavam as coisas. Mas, para a nutricionista, eu não disse que poderia estar com algum problema e sim que queria comer de forma mais saudável. Cheguei aos 47kg.

Quando vi aquele número na balança, senti uma mistura de medo e desespero. O que estava acontecendo comigo? Logo, fui ao encontro de pessoas da família e próximas a mim e consegui, finalmente, me abrir, dizer o que eu estava sentindo, tudo que vinha à minha mente, e percebi o quanto precisava de ajuda. Comecei um tratamento médico e terapêutico, que, aliás, agradeço muito por ter sido tratada por profissionais ímpares e que me acompanham até hoje. Assim iniciou uma caminhada de consciência, de entender os meus comportamentos, corrigi-los e superá-los.

A consciência é a base para toda a mudança, foi ela que me permitiu evoluir com a clareza de quem eu estava sendo. Tendo o compromisso com a verdade e com a minha cura, vivi longo tempo me reconstruindo na terapia. E, foi durante uma das consultas, que a minha psicóloga me questionou: "Já pensou em fazer *coaching*?". Nunca tinha passado isso na minha cabeça, mas eu sempre gostei de trabalhar com pessoas e me questionei: "Por que não?!". Foi dessa forma que o *coaching* entrou na minha história e que conheci a Febracis, hoje a maior escola de negócios da América Latina. E posso dizer que foi uma virada de chave enorme na minha vida.

Fui para São Paulo em meados de setembro de 2019, fazer meu primeiro curso em Formação em Coaching Integral Sistêmico (FCIS). Minha primeira viagem sozinha de avião; posso dizer que aquilo para mim foi um ganho muito grande e fazia parte do meu processo. Conheci pessoas maravilhosas e me dediquei ao curso, fiz todas as atividades propostas, assisti aos filmes, li muitos livros. O que para mim era algo novo, acredito que em 26 anos da minha vida, eu tinha lido apenas 1 livro. Fiz os dois módulos da FCIS em São Paulo e retornei para fazer o segundo curso em janeiro de 2020, que foi o CIS Assesment, para me tornar analista de perfil comportamental.

Esse, sem dúvidas, foi um dos cursos que mais me impactou. Consegui me conhecer, entender que todas as pessoas são diferentes e que o outro deve ser tratado como ele precisa e não como gostaria de ser tratado. Ao gerar meu relatório, onde foi apresentado o meu perfil comportamental, notei uma diferença muito grande do meu perfil natural para o adaptado. O natural é o que de fato eu sou e o adaptado é o que eu acredito que os outros exigem de mim. Ou seja, estava me exigindo além do normal e isso, com o tempo, gerou um estresse e afetou a minha saúde, bingo! Descobri um dos fatores que me levaram a ficar doente e isso foi um divisor de águas na minha vida.

Aprendi que todas as pessoas têm características positivas e pontos a desenvolver, que existem medos e que o medo é bom para evitar negligências, mas, que ele é ruim se for para te paralisar. Foi uma sequência de superação de medos, e, então, explodiu a pandemia do COVID-19. No entanto, eu não parei. Muito pelo contrário, segui fazendo meus cursos no formato *online*, o que me ajudou muito a passar por tempos desafiadores no mundo inteiro.

Foi durante a pandemia, que iniciei a minha pós-graduação em Neurociência e Performance Humana, a fim de adquirir mais conhecimento e compreender o que se passa na mente das pessoas. E, também, comecei um processo de *coaching* como *coachee* e iniciei mais um passo na jornada, onde realizei ferramentas para me auxiliar a me desenvolver.

Segui fazendo meus cursos e me dedicando ao meu propósito de crescer e contribuir. Sim, na medida que fui descobrindo a minha real identidade, fui encontrada pelo meu propósito. Comecei a realizar trabalhos de desenvolvimento na empresa onde atuo, a Erplasti, uma empresa familiar, cujo fundador é meu pai. O objetivo é obter um ambiente mais harmônico e alcançar a alta performance dos colaboradores. Como somos seres sistêmicos, quando trabalhamos uma área da vida, consequentemente, atingimos as outras, visando assim, melhor performance pessoal e profissional.

Os anos foram passando e eu jamais deixei de me aperfeiçoar, estudar e me dedicar ao meu propósito. Os dias não são fáceis sempre, é preciso constância para não parar, mas quando sabemos quem somos e que fomos escolhidos para estar aqui pelo Onipotente e Onipresente, Pai do céu, o meu Deus que me dá forças nas horas desafiadoras e transforma os meus dias, tudo muda. Hoje, eu entendo que precisei passar por tudo que passei para estar vivendo o que vivo hoje. Aprendi que é preciso se entregar, confiar, aceitar e agradecer por todos os momentos e circunstâncias.

Nessa minha jornada, tive muitos presentes que, por muitas vezes, me levantaram, incentivaram e enxergaram um potencial em mim que nem eu percebia. Que me deram forças e palavras que eu precisava em muitos momentos. Sou muito grata a todas as pessoas que cruzaram o meu caminho, que me auxiliaram a viver a minha real identidade, entender a minha capacidade e do quanto eu merecia viver momentos especiais e uma vida abundante. Enfim, me ver como quem realmente eu sou.

A identidade fortalecida abre caminhos, possibilidades e novas experiências. Quando eu sei quem realmente eu sou, não me abalo por coisas pequenas e me fortaleço criando a minha própria realidade usando palavras positivas. O poder das palavras é muito forte, por isso, a importância de proferir quem eu sou, olhando-me nos olhos, através do espelho. Esse é um exercício rotineiro que aprendi no coaching e é muito poderoso. Aprendi outros mantras também que me ajudam no meu dia a dia, como: *Sinto muito* (pelo que fiz comigo mesma) e *Eu te amo* (eu sou a pessoa mais importante da minha vida). E, também: *Oi, pensamento!* (afinal o pensamento veio), *Obrigada, pensamento!* (minha mente está saudável) e *Tchau, pensamento!* (não preciso mais de você).

Aprendi princípios que são essenciais para alta performance, como a gratidão e a autorresponsabilidade. A partir do momento que entendo a importância de ser grata (o), começo a interpretar e dar significados diferentes para as distintas circunstâncias que me acontecem. Hoje, posso dizer que sou grata por tudo que passei, pois se eu não tivesse passado, não viveria o que vivo hoje. E na medida que eu me torno uma pessoa autorresponsável, assumo o barco da minha vida. Começo a compreender que tudo que eu plantar, irei colher. Que não existem culpados, existem soluções e não adianta ficar reclamando e não agir. Trazer a autorresponsabilidade como um estilo de vida é entender que ninguém muda ninguém e quem é o responsável pela minha vida sou eu, consequentemente, eu quem preciso mudar.

A verdade é que a transformação é um processo que não tem fim. E para se manter nesse caminho é preciso conhecimento certo, pessoas certas e lugares certos. O ambiente sempre vence, então, esteja perto das que querem voar alto e que não se contentam com o bom. O bom é inimigo do ótimo, esteja perto de quem você almeja ser. O poder de ter as referências certas, afinal, elas podem te impulsionar para o destino desejado ou te jogar ladeira abaixo.

Sou grata por ter grandes referências na minha vida, desde Deus, meus pais, até os meus mentores, Paulo Vieira, Camila Vieira e minha *coach* Daiane Lopes.

Me permita mais um conselho: invista em você. Busque o autoconhecimento, a inteligência emocional e moa o orgulho todos os dias. Nunca saberemos de tudo e essa é a grande sacada da vida. Estamos aqui para sermos melhores e vivermos em abundância. Continuo na minha jornada de crescer, me desenvolver e contribuir com todas as pessoas que passarem no meu caminho. Hoje, posso dizer que estou curada, porque eu não desisti, fui lá e venci.

"

Aprendi que
é preciso se
entregar,
confiar, aceitar
e agradecer
por todos os
momentos e
circunstâncias.

Andressa Erthal

Ângela Fraga

Sou Ângela Fraga, nascida em Braga/ Portugal, sendo que a minha terra é Guimarães.

Mãe de um menino lindo de nome Salvador, percebo agora o porquê de lhe ter posto este nome!

Mãe, mulher, trabalhadora em uma empresa de jóias e dona de casa, uma mulher comum, muito bem disposta, extrovertida, mas com uma história forte para contar!

Feliz é a palavra que melhor me descreve!!

angelafraga84
Angela Fraga

05 O CANCRO, ESSE BICHO!!!

Por Ângela Fraga

Era o dia 7 de outubro de 2022, 17:10h, e chega a pior notícia: "Ângela, não tenho boas notícias, é um carcinoma (cancro triplo positivo)". O meu mundo parou, foi um vazio, uma dor, algo que nunca conseguirei explicar, permiti-me estar sozinha, chorar, pensar no nada e pensar em tudo, foi um misto de vazio, com um turbilhão de perguntas, "E o meu filho?", "Vou morrer? E o meu filho?!". E foi neste momento que tive de parar e dizer: "Vamos à luta, tens um filho, ele não pode sequer ter qualquer peso do cancro sobre ele", e lá fui eu, guardei todas as emoções e sentimentos em uma caixinha, romantizei o cancro, sorri e brinquei sempre com a situação, até chegar o dia em que o cabelo começa a cair, e dói tanto, pensava eu estar preparada para tal momento, mas não.

Que dor, meu Deus! Dói ver o cabelo cair, dói ver o corpo mudar, dói olhar ao espelho, a quimioterapia dói, as análises semanais doem, a espera dos resultados dói, tudo dói! Já que falo de dores, vou falar da pior dor de todas, os maus tratos a que as mulheres são sujeitas durante todo o processo do cancro, e o pior de tudo, vêm quase, mas quase sempre dos maridos, namorados, companheiros e afins, sujeitam-se a ouvir frases como: " Não te dispas à minha frente", "Casei com uma mulher e não com um homem de cabelo rapado", "quanto tempo demora até teres mamas outra vez para te poder tocar?". Isto é o que mais se ouve da boca das mulheres.

Em conversa durante uma quimioterapia, a dona Alice diz-me: "Menina Ângela, o meu marido tá habituado a ter o jantar ás 19:30 na mesa e eu tenho de o ter pronto, ele sabe que não posso mexer o braço, mas que vou eu fazer? Diz-me tantas vezes que estou a fingir, que não tenho cancro nenhum"... fiquei em silêncio uns segundos e quando consegui segurar a raiva que tinha dentro de mim, perguntei-lhe: "Ele bate-lhe?", cabisbaixa, olhos rasos de água, voz trémula, responde: "Só ás vezes, ele não é má pessoa, é a maneira dele ser ".... "Oh, dona Alice! "... que revolta, meu Deus, como é possível? Isto não é um ser humano, é um monstro, é nojento, desumano, vil, ninguém, ninguém tem o direito de rebaixar a mulher a um nível tão degradante em que algumas chegam a implorar a própria morte!!!

Eu fui sempre tão sortuda, sempre cercada por uma bolha de amor, nunca e em momento algum me senti sozinha, todos os que lidaram comigo são anjos, existe um que tenho de salientar, era e é a minha calma, nos momentos em que eu ficava em pânico ele chegava com um sorriso enorme e dizia: "Está tudo bem" e estava mesmo tudo bem. Tem cabelo grisalho e nome de arcanjo... Meu ponto de luz, com quem deixei cair a máscara, me ensinou a ser guerreira... nunca desistam de procurar o vosso, eu encontrei o meu, não é só um terapeuta holistico, é um anjo que está sempre pronto a dizer "eu estou aqui", e está sempre lá!

Este maldito cancro trouxe gente tão boa para a minha vida, amizades que eram de outras vidas! Os abraços que não dava, já dou, o dar a mão a quem precisa faz parte da minha rotina! A cada ida ao hospital tenho a necessidade de passar na parte da quimioterapia, cantar e dançar com os enfermeiros, auxiliares e médicos, ali não são funcionários, são a minha família das piores horas!! Engraçado como a cada quimioterapia eu entrava a sorrir, a dançar, a dizer as maiores barbaridades, riamos tanto, e no meio daquela droga que nos injetam durante 5 horas ainda há espaço para gargalhadas. O meu cadeirão azul foi o meu confidente, era eu, ele e a quimio, abençoado, deu-me a cura.

Eu romantizei confesso, romantizei o cancro e é tão mentira, ergui um muro tão grande para ninguém perceber o que eu sofria, não deixei cair uma lágrima em todo o processo. Se alguém estivesse em baixo, era eu que ia lá e dizia: "Oupa, para cima!, não há tempo a perder! Senti-me muitas vezes perdida, vontade de berrar, gritar, dizer "Estou cansada!", mas a armadura que ergui era tão grande que não quis que ninguém percebesse o quanto estava a doer, e lá punha eu um sorriso tão meu, umas belas de umas piadas de humor negro e ia viver. Chegava a casa, abria a minha caixinha de emoções e metia lá mais algumas, afinal de contas eu "estava bem".

Estava tão errada, devia ter chorado quando doeu, devia ter pedido colo quando precisei, devia ter pedido ajuda quando o coração acelerou de medo, devia ter dito ás pessoas que me estavam a magoar e pedir-lhes para parar, devia ter perdido a vergonha e dizer "alguém me dê a mão por favor", mas ao invés eu dizia, "está tudo bem!!!!". Tantas vezes me chamaram guerreira, mas não era isso que queria ouvir, estava tão cansada de fazer esses papéis todos, senti-me tantas vezes um bebé que só queria o colo da mãe e nem isso era possível.

Recordo um episódio em que fui acordar o meu filho para irmos para o colégio, fiz-lhe cócegas como sempre, e ele gargalhou, nesse momento tremi, um aperto no peito e só pensei: "Oh, meu Deus, eu preciso de continuar a ouvir este riso", com os olhos rasos de água, abracei-o com a força de uma leôa e pedi-lhe baixinho para me dar força. Todos os dias quando o deitava, ele dizia: "Jesus, ajuda a matar as células más da mamã" e Jesus não o desiludiu, tal como nunca o fez comigo. Deus tem sido tão bom comigo, não posso pedir mais nada, só agradecer, agradecer por perceber que as melhores coisas do mundo são as mais simples, o olhar para as folhas das árvores em pleno outono tem um sabor tão mágico, dançar na chuva, molhar a roupa, sentir a água na cara, no cabelo, não sabia que viver era tão fácil e tão bom.

O meu papel não é descrever o cancro como algo leve, é pesado, é um fardo, é a morte a bater-nos à porta, mas daqui podemos tirar 2 lições: vermos que temos muito a melhorar, a vida está a dar-nos uma segunda oportunidade para corrigir o que estava errado; ou então, ficarmos amargos e com ódio. Eu escolhi a primeira opção e hoje sou tão mais feliz, sem a preocupação do que pensam de mim, sem querer ser politicamente correta, sem ter medo de rebolar pela lama ficar toda suja e rir, mas rir muito. Aprendi que era demasiado agarrada à perfeição, cabelo alinhado, roupa sempre impecável; que se dane tudo isso, arranquei a peruca, assumi o cabelo curto e sou hoje uma Ângela mais bonita a todos os níveis...

A Ângela é uma menina que tem um mundo cor-de-rosa, com unicórnios, fadas e nuvens de algodão doce, quando dói, ela abre a porta desse mundo e fica lá, depois com mais força volta à realidade deste mundo cruel em que tem de vestir a capa da "guerreira", e volta à batalha, sorriso no rosto, piadas na ponta da língua e a frase na cabeça, "Maldito inquilino, não me vais matar, o meu filho precisa da mãe!!!".

Este testemunho serve para agradecer ao meu filho, uma criança com 8 anos que me mostrou a leveza da vida, agradecer a cada um dos meus anjos que, como já referi, não me largaram nunca. A ti, minha menina, que estavas lá nos primeiros exames, cabelo ondulado e olhos claros. A ti, meu quase careca, um "obrigada" não chega, Cabo Verde no nosso coração. A ti, meu moreno de óculos, obrigada. A ti, senhor de olhos azuis, obrigada por estares lá. A ti, minha mulata, sempre comigo, deste-me um presentão, obrigada! Anjo de cabelo ruivo, vieste e não foi por acaso, tinhas um propósito, obrigada! A ti, Tininha, obrigada por me teres escolhido como irmã, e a tantos anjinhos estão sempre aqui, as minhas meninas do hospital, as amiguinhas da quimio, a D. Conceição, sempre pronta a dar o seu conforto maternal e aqueles abraços, alma pura, coração de ouro! Obrigada, Meu Deus, por ser tão sortuda, eu estou rodeada de amor, ao meu grupo "Somos todos Ruca", amo-vos tanto!!!!

Aos que me magoaram, felizmente foram poucos, eu vos perdoo, e se um dia precisarem de mim, cá estarei para vos ajudar!

Serve especialmente como um pedido de socorro para com as mulheres, pelo amor de Deus, não tratem as mulheres tão cruelmente, o processo é tão doloroso, a fragilidade apodera-se de nós, o auto-estima desaparece, a nossa identidade deixa de existir, quando olhámos ao espelho na nossa cara está escrito cancro, e dói tanto! Não as façam sofrer, o cancro encarrega-se disso a cada segundo, ninguém tem o direito de se apoderar da fragilidade das mulheres, com ou sem peito, com ou sem cabelo, somos MULHERES e com todo o valor que merecemos, aliás, com mais valor ainda, porque só nós sabemos o valor de lutar pela vida, mas lutar até as lágrimas secarem de tanta dor!!

A realidade são 7 os dias da semana, 5 dos quais eram passados no hospital a fazer exames, primeira operação, catéter interno enfiado no peito, seguem-se 16 ciclos de quimioterapia, 6 dos quais de cinco horas, enjoos, náuseas, sabor horrível na boca, amigdalites constantes, sistema imunitário nulo, dor nas articulações, corpo inchado, o cabelo já não existe, a peruca faz parte da rotina, cansaço extremo, querer brincar com o filho e o corpo não deixar; segue-se a tumorectomia, limpeza da parte tumoral, segue-se a radioterapia, 21 sessões, todos os santos dias; coisas normais como tomar banho tornaram-se em pesadelos, a pele só podia ser lavada com água quase fria, a pele estava queimada, ardia tanto, e agora pergunto eu, depois disto tudo alguma mulher ou algum homem merece passar por as constantes humilhações já aqui referidas??? Tenham consciência!

Abençoada, Deus é tão grande!!! Os meus braços nunca vão deixar cair quem pensar em desistir...

Vitória! Vitória! Estamos quase no fim da história e eu estou aqui para contá-la!!

"

Das minhas cicatrizes nasceram asas!

Ângela Fraga

Bya Avellar

Olá, me chamo Anna Beatrys de N. Avellar, tenho 51 anos, sou filha amada do Rei dos reis, esposa, mãe, pastora, amiga de todos e empreendedora aplicada. Moro no RJ e amo minha cidade.

Professora "raiz", pedagoga, teóloga, analista de RH, pós-graduada em Psicopedagogia e Neuropsicopedagogia Clínica e Institucional, em Neuropsicanálise, em Terapia Cognitivo Comportamental, com doutorado em Psicanálise Clínica e outros cursos, sempre voltados para área de humanas, pois gosto de lidar com pessoas.

Com mais de 30 de experiência na educação e saúde emocional, sou idealizadora de projetos sociais diversos, mentoria de mulheres e uma infinidade de palestras direcionadas ao empreendedorismo, resgate da autoestima e valorização da mulher.

Superei obstáculos, traições, solidão e o medo de fracassar. Hoje, através do meu propósito, venho transformando vidas, negócios e ministérios para florescerem onde Deus os plantou.

+55 (21) 98669-8396

psi.biapriorize

psi.byaavellar@gmail.com

06 EU SEI QUEM SOU, E VOCÊ, SABE QUEM É?

Por Bya Avellar

Minha história tem uma forte ligação com o propósito e a vida de José (governador do Egito, no período do Faraó Sheshi I), que foi do poço ao palácio, sendo testado, provado e aprovado, pois o plano de Deus sobre a vida dele era muito maior que seus projetos. E é recordando esse episódio de superação que narrarei um pouco do que já vivi e venci. E você também pode viver e vencer!

Refletindo sobre os 5 P's de José, ele recebeu uma promessa quando ainda vivia no conforto com seu patriarca; por inveja dos mais próximos e até mesmo traição, foi atirado em um poço; ao ser retirado de lá passou por perseguição com falta de paz e solidão, sendo depois lançado numa prisão. Mas, não deixou de perseverar e sendo fiel aos seus princípios, lembrou-se que tinha uma missão e que ela se cumpriria, chegando assim ao palácio. Ou seja, da Promessa, Poço, Perseguição, Prisão ao Palácio, em torno de 13 anos, com certeza Deus o surpreendeu e através de sua vida, outras foram transformadas, resgatadas e avivadas.

Assim é um pouco da minha história, pois desde pequena já havia uma promessa diferenciada sobre mim. Fui a primeira da família a conhecer a Palavra de vida e no decorrer da minha formação, concluí vários cursos e tenho uma bagagem bem recheada de certificados e diplomas que hoje me proporcionam acessar lugares que outrora não seriam possíveis. Porém, muitos tentaram me fazer desistir, tentando me parar ou me inferiorizar. Mas eu sempre soube quem eu era em Cristo e quando tudo está muito confortável, com certeza vêm obstáculos para serem ultrapassados.

Cresci, me formei, me sustentei, me casei, engravidei e ganhei o maior presente de Natal: gerar um ser. Precisei sair da empresa onde alcancei o maior patamar (posição) pois quem se comprometeu a ajudar, mentiu, traiu, decepcionou. Enfrentei um divórcio e recomecei do zero. Chorei, perdi muitos fios de cabelo, dormi com fome para que quem dependesse de mim não sentisse fome, vi os amigos mais chegados que irmãos (são poucos), não desisti, superei a dor e o medo de fracassar, me senti só e sem muitas opções para solucionar problemas que surgiam. Mas eu sabia quem eu era e sou em Cristo, então não retrocedi, avancei.

Criei estratégias para gerar sustento e alegria no meu lar. Lembrei da promessa que havia sobre mim. Me reergui. Ousei começar a levantar mulheres que muitas vezes eram e ainda são discriminadas por serem "separadas". O divórcio não é uma sentença, pois ninguém se casa pensando em se separar. Deixar chegar a um feminicídio sim, isso é uma sentença. E não, não estou aqui levantando bandeiras de nada. Estou somente para sinalizar que eu fui lá e venci e você também pode vencer.

Qual é sua sentença? Você sabe quem você é? Você tem noção do potencial que está armazenado dentro de você? Ousei falar do incondicional amor do *Abba* por mim. Me autoconheci, superei limites, bati em novas portas, construí conexões intencionais e decidi que além de voltar para o mercado de trabalho (CLT), também iria começar meu próprio negócio.

Fácil não foi nem de perto. Mas havia uma promessa, então saí do poço sem me vitimizar, enfrentei as perseguições, me livrei das questões que me aprisionavam (traumas, medos, inseguranças, tristezas...) e me esforcei para chegar ao palácio (que não é um lugar físico, ainda. Mas isso é só uma questão de tempo).

Todos nós passamos por várias estações e eu tenho vivenciado a estação do transbordo sobre a vida de outras pessoas. Para muitos, são pessoas improváveis, para mim, elas são imparáveis. Procuro ver em cada uma um potencial, uma missão especial, um porquê de passar por mim e aproveito essa oportunidade para florescer e fazê-los desejar florescer por onde passarem. Sei que um legado está sendo construído e para todos os "nãos" que ouvi, hoje agradeço por não desistir. Cada um deles me fez mais forte, mais luz, mais mulher, mais semelhante a Ele.

Fui contemplada com a oportunidade de ter uma nova família. E uma família que torce um pelo outro, que se apoia, que se respeita, que se une e se completa. Um marido parceiro, forte, especial, presente e provedor. Ganhei mais uma filha, princesa que crio desde os 7 anos (hoje com 21), como se tivesse saído de dentro de mim. Que incentivo, acompanho, defendo e brigo por sua felicidade e conquistas, pois sei que ela tem uma grande missão. Passei por empresas incríveis e levo cada uma com gratidão no meu coração. Ao escrever esse capítulo (dezembro de 2023), posso dizer que esse ano foi um período em que precisei encerrar ciclos para que novos se iniciassem.

Nessa minha jornada, mais de 5 mil mulheres já me ouviram, minha voz já chegou em terras que nem penso em pisar. Muitas já passaram pelos meus cuidados clínicos ou ministeriais. Minhas mentoradas são discípulas que transbordam conhecimento e segurança para desenvolver habilidades na vida de outras pessoas. Cada projeto que desenvolvi e realizei construindo parcerias, encorajaram a outros a fazer o mesmo.

Você já parou para pensar ou tem noção que não pode parar porque tem gente que finge não te ver, mas se inspira em você?! Todas as vezes que parecia que eu não iria suportar, eu trazia à memória o que podia me dar esperança. Inclusive, quando minha primogênita chegou ao hospital com 2/3 do pulmão esquerdo totalmente comprometido devido a um derrame pleural, aos 2 anos, parando de andar, de se alimentar, com pressão alta e morando por um mês em um hospital (visualizando imagens que jamais me esqueci e não desejo para ninguém); tudo causado por uma bactéria que entrou por um pequeno machucado que estava sem a casquinha e pela negligência médica na investigação da leitura de um exame. Mas, como Deus não falha e havia uma promessa, até no hospital eu sabia quem eu era e o que poderia fazer naquele lugar enquanto estivesse lá. Minha filha entrou numa maca de ambulância naquele local, mas saiu andando e respirando sem auxílio de nenhum aparelho, seu pulmão foi reconstruído sozinho e hoje, aos 18 anos, a única marquinha que tem é como um sinal para lembrá-la de que ela é um milagre e sempre foi muito amada. Por onde chega, seu brilho e acolhimento são notáveis, ela é incrível.

Qual tem sido sua sentença? O que tem tentado te paralisar? Do que você tem medo? Sua preocupação é com o que os outros vão pensar ou falar de você? Acredite, sua luz só poderá ser ofuscada se você permitir. Seu ministério e sua missão só não estarão alinhados se seus planos não estiverem de acordo com os planos do Criador.

Assim como José - que onde chegava algo era entregue em suas mãos e ele fazia prosperar - eu não guardei mágoa de ninguém, não perdi meu tempo em provar meu potencial, não deixei a decepção me enterrar, nem as dificuldades me paralisarem. E tudo, absolutamente tudo que é entregue em minhas mãos, prospera. Eu sei quem sou e sendo luz, aonde chego, a atmosfera contrária precisa mudar ou não é o meu lugar.

Hoje, atuo na Clínica Psicanalítica com consultório próprio presencial e *on-line*, tenho parceria com clínicas da minha região. Como psicopedagoga e neuropsicopedagoga atendo de aprendentes a docentes em clínicas e escolas (sou fundadora do @cafe_psicopedagogico), sou mentora de mulheres que necessitam iniciar seu empreendimento do zero à prática e/ou querem resgatar a alegria de serem quem nasceram para ser. Como palestrante, tenho a oportunidade de ministrar temas que abordam questões emocionais e espirituais, pois como pastora não posso deixar passar nenhuma oportunidade de anunciar as boas-novas.

Tenho transbordado cura e vida, florescendo por onde passo e cumpro minha missão. Sei fazer a diferença porque ousei não ouvir quem não acreditava em mim. Hoje, estou aqui, nas mãos de Deus, e sei que através d'Ele vidas podem ser transformadas porque eu sou um exemplo que fui lá e venci e você também pode vencer.

Eu sei quem sou, eu sei o que posso e eu sei o que tenho. E você, já sabe quem você é, o que você pode e o que você tem?

Mesmo sem te conhecer pessoalmente (por enquanto), se essa leitura chegou até você, tem um propósito, tem uma missão, há uma promessa e eu quero te dizer que eu acredito no seu potencial. Uma vez uma mentora me disse: "Beatrys, vidas precisam ouvir a sua voz, pessoas necessitam te conhecer porque tem gente esperando para receber o que só você tem. Não se esconda. Vai com o que você tem. Por favor, só vai". Na época, eu era mentorada e obedeci.

Eu fui lá, cheguei até você e venci. Vença você também.

"

Você não pode parar, tem gente que finge não te ver, mas se inspira em você. Tem gente esperando para receber o que só você pode oferecer.

Bya Avellar

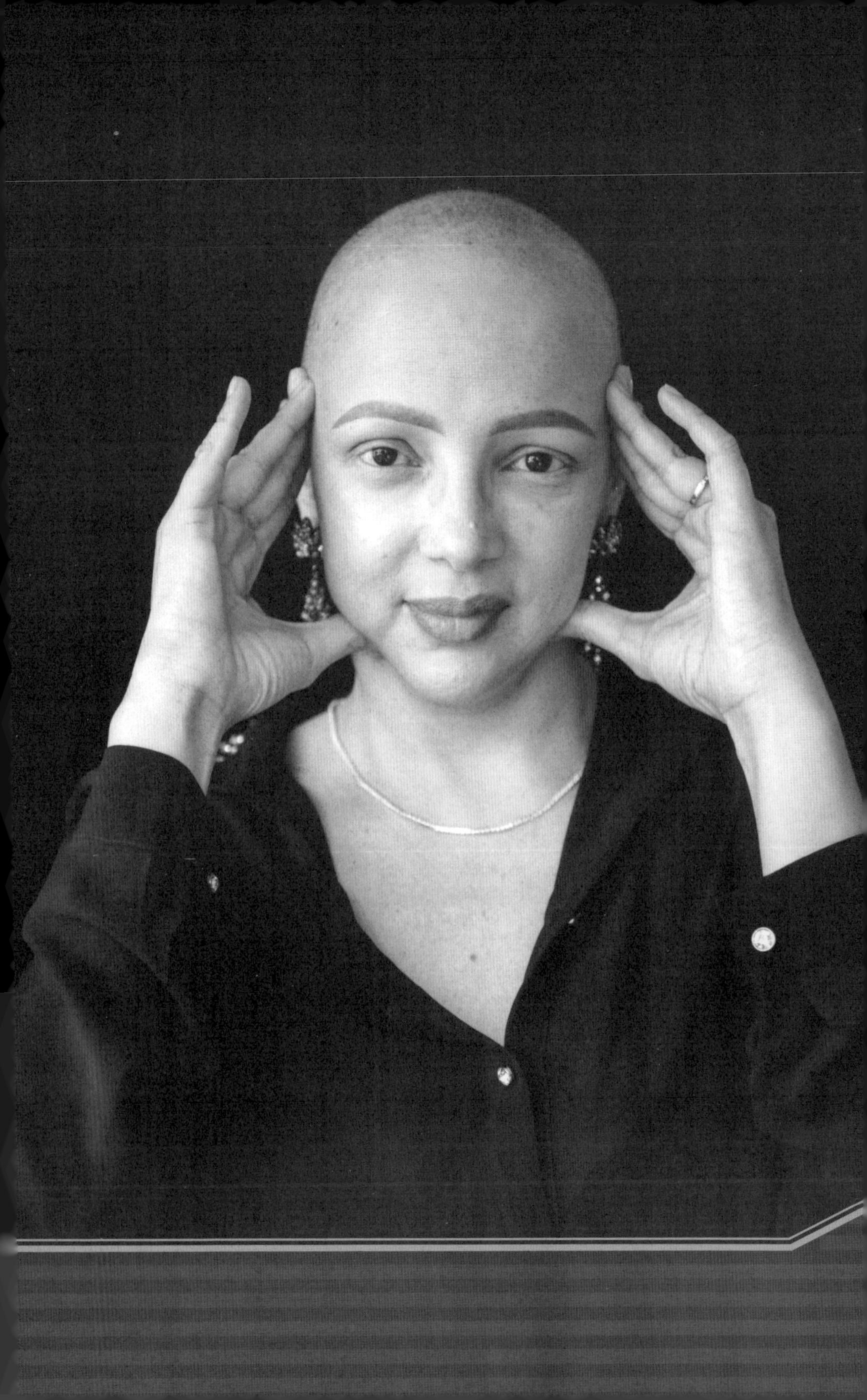

Cecília Mendes

Meu nome é Maria Cecília Mendes dos Santos Brandão, mas pode me chamar de Ceci. Nasci em 21 de agosto de 1976, em Belo Horizonte/MG, "era um sábado congelante", diz minha mãe, talvez isso explique o porquê dos dias frios me fazerem tão bem.

Hoje moro em Manhuaçu/MG com meu esposo e nossos três filhos: o Tiago de 23 anos, o Mateus de 17 e o Lucas que acabou de completar 10. É aqui que realizo a maior parte dos meus atendimentos como esteticista e massoterapeuta há mais de 10 anos, usando o toque para cuidar de vidas, inclusive de artistas incríveis como Zé Neto e Cristiano, Gabriel Gava e tantos outros.

Costumo dizer que geralmente erramos ao responder à pergunta: "Quem é você?", porque nos limitamos a dizer nosso nome ou a profissão, mas isso não passa de uma pequena fração do universo que habita em nós, e hoje decidi revelar o que existe na parte mais importante de mim.

ceciliamendesesteticista

ceciliamendesdossantos@yahoo.com.br

07 UMA NOVA DATA EM MINHA CERTIDÃO DE NASCIMENTO

Por Cecília Mendes

"Mãe, promete pra mim que não vai morrer? Eu preciso de você. O que vai ser de mim?". "Eu parei de orar por cura. À essa altura, vou só agradecer o tempo que tenho com você". "Vamos precisar refazer alguns exames." "Não temos mais dinheiro, não vai dar". "Será que eu inventei sobre as promessas de Deus na minha vida? Eu não entendo".

Estávamos nos últimos dias de 2020 quando eu senti um caroço no meu peito do lado direito. Era tarde da noite, eu já estava deitada e me lembrando disso; agora quase consigo sentir o mesmo frio na barriga - aquele de quando é nosso primeiro dia de aula - junto com um calor no rosto e nas pontas dos dedos - aquele de quando estamos prestes a descer na montanha-russa. Assim que senti essa protuberância, logo passei a mão pelo lado esquerdo para certificar se havia também do outro lado, porque poderia ser apenas um nódulo simples, poderia não ser o que eu estava pensando.

Acho que meu coração chegou a parar alguns milésimos de segundos quando passei a mão e não senti outro caroço, senti apenas desespero, angústia, medo, vazio e uma gota de esperança de estar errada. Eu chorei ali mesmo, com um nó na garganta que parecia intransponível e um aperto no peito que doía fisicamente. Todo mundo sabe que um dia vai morrer, mas é assustador quando você pensa que isso pode acontecer logo e não há nada que possa fazer a respeito. Me senti pequena e completamente impotente, mas eventualmente peguei no sono com os olhos cansados de chorar.

"Quem de vocês, por mais que se preocupe, pode acrescentar uma hora que seja à sua vida?" - Mateus 6:27

No dia seguinte, me levantei em silêncio e tentei dar os primeiros passos para cuidar da minha saúde como sempre fiz, mas eu apenas marcava consultas médicas, nunca compareceia. O medo de saber o resultado dos exames me paralisou, porque enquanto não houvesse um diagnóstico eu poderia me apegar à esperança de aquilo não ser real. O fato é que não pude fugir por muito tempo, então em 05/2022 fui diagnosticada com câncer de mama em grau médio e no dia 28 de junho fiz minha primeira sessão de quimioterapia.

Talvez seja interessante explicar um pouco desse processo, pelo qual eu nunca imaginei que passaria. É claro que já conheci pessoas que enfrentaram diferentes tipos de câncer e me compadeci delas, mas depois de chorar junto e dizer palavras de encorajamento, eu juntava minhas coisas e ia para casa, pra minha vida. Só que naquele momento, sentada na recepção do hospital ao lado de pessoas que não sabiam quem eu era, ouvindo um médico ler meu nome numa prancheta e me levar para uma sala apertada.... Não tinha como "juntar minhas coisas e ir para casa, para minha vida". Naquele momento, essa era minha vida.

Uma vez a cada 21 dias, eu percorria cerca de 132 quilômetros para chegar a Muriaé e receber na veia a quimioterapia vermelha. Nas primeiras duas vezes, foi um processo lento e desesperador sentir o remédio entrando no corpo, sem entender ao certo como aquilo funcionaria, e me preparando para passar os próximos sete dias com os pés inchados, as pernas bambas, o estômago embrulhado e fraca. O que mais me desesperava era que eu não conseguiria trabalhar o necessário, e a conta é simples: sem trabalho, sem dinheiro e sem dinheiro não se paga contas.

Enfrentei quatro sessões de quimioterapia vermelha assistindo as contas de casa vencerem, precisei abrir mão da minha clínica de estética e fazer os poucos atendimentos que eu conseguia em domicílio; renegociei a escola dos meus filhos, vendi alguns móveis e tentei manter a casa em ordem enquanto eu mesma desmoronava. É que ser mãe é prezar pela própria vida, não por si mesma, mas pelos filhos e os meus dependiam de mim, o que ficou ainda mais claro quando ouvi meu caçula orando no quarto e repetindo: "Cura minha mãe, Jesus! O que vai ser mim?". Então, ali mesmo eu decidi que venceria.

Desse dia em diante, tive a certeza de que meu Pai cuidaria de tudo e eu não precisaria me preocupar, permiti que Ele desenvolvesse uma fé grande em mim, que me trazia paz nas viagens longas para o hospital e me acolhia à noite quando eu me sentia só. Foi essa fé que me sustentou no dia 28 de agosto, quando eu raspei a cabeça. Eu sabia que estava fazendo a coisa certa porque doeria demais ver meu cabelo caindo aos poucos e deixando falhas, mas não sabia o quanto partiria o coração me olhar no espelho e ver parte da minha personalidade sendo cortada e escorrendo pelos meus ombros. Cheguei em casa e meu cachorro Bob levou um tempo para me reconhecer, e quando o fez, não abanou o rabo feliz como de costume, apenas chegou aos meus pés, se deitou e gemeu um choro. Até hoje, esse foi o dia que mais chorei. Era como se eu estivesse de luto por mim.

Preciso dizer que até então eu não havia contado sobre o câncer para ninguém fora da minha casa, não somente porque não estava pronta para ouvir uma série de "Eu sinto muito, Cecília", acompanhada por expressões de pena, mas também porque Deus me disse que havia um propósito por trás dessa história e tudo seria revelado no tempo d'Ele. É curioso que dias depois de raspar a cabeça, eu entrei no Instagram e vi que, naquele dia 28, havia recebido a mensagem de um missionário que eu nunca tinha visto e nem ouvido falar. Ele me disse:

"Reconstruir-te-ei, e serás restaurada, ó virgem de Israel!" - Jeremias 31:4. Hoje, Deus vem para te dizer que ele vai reconstruir por completo a sua vida [...] iluminar com sua luz toda a escuridão e juntar os pedaços do seu coração, deixando-o novo, leve e em paz!". Naquele momento, em prantos, minha fé foi fortalecida e tive certeza de que Deus não me tirará deste mundo até cumprir as promessas para a minha vida.

Finalizadas as sessões da quimioterapia vermelha, iniciei a branca em 4 de outubro, dessa vez seriam12 sessões no total, uma vez por semana, e eu estava apavorada de que não conseguisse me recuperar a tempo para trabalhar. Na verdade, eu já chegava ao hospital me sentindo péssima por depender de tantas pessoas: caronas para fazer o tratamento e voltar para casa, auxílio em tarefas simples de casa, ajuda para pagar as contas, eu me sentia impotente e tinha vergonha por estar incomodando. Mal sabia eu, mas eram nesses momentos que Deus estava me lapidando, me ensinando a ser humilde, a depender e confiar.

Dei um suspiro de alívio ao sair do hospital, após a primeira sessão, ainda disposta para fazer um atendimento e assim fiz durante quase todo o processo: atendia ao longo da semana e às terças-feiras, após a quimio, fazia ao menos uma massagem. Já dava para pagar algumas coisas. E junto a isso melhorou o ritmo dos exercícios físicos e alimentação. Na verdade, eu não parei de ir ao *crossfit* e me alimentar bem durante o processo, mas quando pude intensificar essa rotina, era como se eu fosse forte e capaz de novo, já estava me esquecendo como era sentir assim.

Fui tantas vezes ao hospital que me familiarizei com alguns atendentes, médicos e pacientes, mas certa vez vi um senhor que aparentava estar na casa dos 75 anos e que eu ainda não havia conhecido, então me sentei ao seu lado. À medida que ouvi sua história, pensei como a minha não era nada comparada ao que ele estava vivendo: lutava contra um câncer no intestino e, para isso, passava dois dias seguidos no hospital tomando a quimio vermelha. Eventualmente, ele foi desenganado pelos médicos, mas naquele momento estava vivo diante de mim - e para matar sua curiosidade, pelas últimas notícias que tive, está mais vivo que nunca!

Eram tantas pessoas e tantas histórias que circulavam pelo saguão daquele hospital, algumas que renovavam nossa esperança e outras que despedaçavam o coração. A pior parte era quando eu estava prestes a entrar na sala para tomar a quimio e passava por mim uma criança acompanhada da mãe; e a melhor, quando alguns meses depois eu via a mesma criança balançando o sino da vitória no corredor. Nem todas as pessoas que passam horas sentadas no saguão têm esse privilégio. Por vezes imaginei que eu mesma não teria.

Para ser sincera, nunca duvidei que Deus poderia me curar, mas senti medo pensando que talvez Ele não quisesse, que Sua vontade boa, perfeita e agradável fosse diferente do que eu pedia nas minhas orações. Mas ele transformou a dor e clamor em meu chamado e missão de vida, foi aí que me lembrei Seus planos são de nos fazer prosperar, nos dar esperança e um futuro (Jeremias 29:11) e de que tudo coopera para o bem daqueles que o amam (Romanos 8:28).

Meu tratamento aconteceu em segredo por um ano e meio, nesse tempo muitas pessoas nem imaginavam o que eu estava vivendo e confesso que isso alimentava minha sensação de que "está tudo bem, a vida não mudou tanto assim". Ouvi minha mãe dizer que nunca pareci doente e eu realmente me sentia mais bonita, estava vestida de esperança. Minhas amigas de oração e profissionais que me acompanhavam repetiam como me achavam forte e corajosa, e aquilo calava meu medo.

A verdade é que quando eu pensava que não havia mais jeito, Deus me surpreendia colocando as pessoas certas na minha vida, provendo o que minha família precisava e abrindo o caminho para que essa história fosse contada do jeito d'Ele. Foi nesse tempo que aprendi a abrir meus exames sem medo porque Ele cuidava de tudo e tive oportunidade de atender personalidades famosas e criar laços de carinho, até que no dia 5 de maio de 2023, depois de meses guardando minha história, ela veio à tona para todo país com apenas um *story* do Zé Neto, da dupla sertaneja Zé Neto e Cristiano, após eu atendê-los.

Muitas coisas não foram como eu imaginei, aliás minha vida não está mais no meu controle há um tempo e digo isso com o coração alegre e grato porque grandes coisas Ele fez por mim, para que hoje eu possa te contar essa história carregando os resultados positivos dos meus exames finais, assistindo a reestruturação da minha família, me preparando para viver os planos d'Ele para mim e declarando que estou totalmente curada ao som do sino da vitória.

Agradecimentos:

Quero agradecer à Amanda Leite Lopes que realizou junto comigo o trabalho de construção deste capítulo, quando eu ainda estava em tratamento.

Ao Kayron Silva, por ter feito minhas fotos em um momento tão desafiador da minha vida, de forma totalmente gratuita e altruísta.

"

Minha maior dor e clamor se transformaram no meu chamado e missão de vida.

Cecília Mendes

Danilo Veloso

Prazer, meu nome é Danilo, nascido em São Paulo, vivo em Dublin, Irlanda, desde 2015. Apaixonado pela minha filha, Alice, sou diretor comercial e de marketing na escola onde fiz meu intercâmbio, também sou empresário e tenho duas empresas no Brasil.

Com mais de uma década de experiência em vendas e no setor de turismo, já ajudei cerca de 10 mil pessoas a estudarem no exterior. Sou um fã fervoroso de futebol, torcedor do São Paulo FC.

Vim de uma família humilde da zona leste de São Paulo, enfrentei muitas adversidades, mas essas experiências me trouxeram valiosos aprendizados. A minha jornada foi marcada por desafios tanto no Brasil quanto na Irlanda, e espero que sirva de inspiração para você.

+353 (89) 403-8771

danveloso07

danilo@pumpmylead.com

Danilo Veloso

08 RESILIÊNCIA E REALIZAÇÃO: MINHA VIDA ENTRE DOIS CONTINENTES

Por Danilo Veloso

A minha jornada começa na periferia de São Paulo, para ser mais específico, na Zona Leste da capital paulista. Cresci em uma família trabalhadora, com minha mãe, uma faxineira incansável, e meu pai, um cozinheiro habilidoso, sempre lutando para manter nossa casa cheia de amor e sustento. Essa realidade me ensinou, desde cedo, a valorizar cada esforço e a sonhar com humildade.

Como qualquer adolescente, eu tinha meus desejos, mas sabia que algumas coisas estavam fora do alcance de nossa situação financeira. Para não entristecer meus pais, eu mantinha meus pedidos no coração, escondidos atrás de um sorriso de gratidão.

Aos 12 anos, voltando da escola, a vida me apresentou uma oportunidade disfarçada. Encontrei um rapaz lutando para organizar CDs e DVDs enquanto atendia clientes. Sem hesitar, ofereci minha ajuda. Mal sabia eu que aquele gesto simples seria minha primeira experiência profissional, meu primeiro passo rumo à jornada que vou compartilhar agora com você.

Trabalhar naquela barraca de camelô até os 18 anos foi mais do que um trabalho; foi uma escola de vida. Lá, desenvolvi habilidades, como a comunicação e a arte de vender. Cada filme assistido, cada gosto musical dos clientes observado, era uma lição prática sobre compreender e atender necessidades. Nas horas vagas, mergulhava no estudo do inglês e me dedicava aos trabalhos escolares, plantando as sementes que trariam conquistas futuras.

Aos 18 anos, pressionado pela minha mãe, deixei as ruas para trabalhar em um estacionamento que ela gerenciava. O salário era modesto, e a distância, um desafio diário. Ali, pela primeira vez, senti o peso da escassez financeira, com cada centavo destinado à minha faculdade de administração.

Após 4 meses, o destino me guiou a um escritório de contabilidade. O salário era ainda menor, mas o conhecimento prático na área era um tesouro. Durante 11 meses, absorvi tudo sobre gestão de pessoas, impostos e organização - habilidades que seriam cruciais mais tarde. Lembram-se das aulas de inglês na época do camelô? Esse esforço me abriu portas para o terceiro grande ponto de virada na minha vida.

Indicado por uma colega de faculdade, enfrentei duas entrevistas em um único dia - no HSBC e em uma companhia aérea americana. Embora aprovado em ambas, a sinceridade da entrevistadora da companhia aérea, ao dizer que não havia plano de carreira para o cargo de *office boy*, ecoou em minha mente. Escolhi o desafio e a curiosidade, aceitando o cargo na companhia aérea.

Minha jornada ali começou sem perspectivas claras, mas minha curiosidade e proatividade rapidamente transformaram minha realidade. Observando, aprendendo, fazendo amizades com os gerentes, descobri que o carisma e a dedicação podem abrir caminhos inesperados. A oportunidade de trabalhar com a supervisora do departamento financeiro foi a chave que abriu a porta para um plano de carreira que "não existia". Com responsabilidade e aprendizado constante, fui crescendo na empresa.

Então, um giro do destino: a gerente financeira, que havia me contratado, foi para Atlanta depois de se tornar mãe, e minha supervisora assumiu seu cargo. De *office boy* a responsável pela área de cartões da empresa no Brasil, minha trajetória foi uma metamorfose de aprendizado, superação e coragem. Essa empresa e as pessoas que conheci ali moldaram meu caráter, aprimoraram minha comunicação e me ensinaram a questionar e a explorar novas possibilidades. Ali, vivi minha primeira experiência de viagem, expandindo ainda mais meus horizontes. Fui de um jovem da zona leste de São Paulo, a um profissional respeitado e realizado.

Tudo era muito bom e eu já não tinha mais dificuldades financeiras, muito pelo contrário, passei a conseguir ajudar melhor a minha mãe dentro de casa e guardava quase tudo que sobrava, mas depois de 3 anos e meio sentado na frente daquele computador, conciliando planilhas, comecei a me ver infeliz e muito confortável; você pode não acreditar mas este conforto me trouxe um desconforto e foi aí que decidi sair do Brasil para fazer um intercâmbio com o objetivo de melhorar o meu inglês.

A princípio, eu queria algo similar ao Brasil e por isso cogitei ir para a Austrália, porém, um *post* no Facebook chamou a minha atenção e ele falava sobre um país pequeno que ficava próximo a Inglaterra, chamado Irlanda. Os valores eram muito mais atrativos e ele atendia um requisito diferente de tudo que sempre fiz na vida até ali. Com a reserva financeira que fiz trabalhando na companhia aérea, eu não teria a necessidade de trabalhar, somente estudar por 6 meses.

Em fevereiro de 2015, embarquei para a Irlanda, com o objetivo de estudar, apesar do país permitir aos intercambistas que trabalham durante o seu período de visto, eu queria esse tempo "sabático" para mim.

Minha vida na Irlanda, longe do conforto monótono do meu antigo emprego na companhia aérea, começou como um sonho. Tinha deixado para trás o Brasil e todas as suas familiaridades, estava aprimorando o meu inglês. A Irlanda, um país pequeno e desconhecido, logo começou a tomar forma de casa e uma viagem que era para ser de 6 meses começou a tomar um rumo diferente.

Nos primeiros meses, consegui desfrutar do que chamei de "tempo sabático". Mas logo o tédio bateu à porta, despertando meu espírito empreendedor. Sem a pressão financeira, comecei a procurar algo para fazer, algo que me desafiasse. Foi quando tropecei em uma pequena agência de intercâmbio e comecei a vender seus pacotes em troca de comissão.

Meu sucesso chamou a atenção da escola onde estudava, que me ofereceu uma posição remunerada. Com um salário e uma comissão significativamente maiores, aceitei sem hesitar. Tinha uma mesa, um propósito e uma nova jornada à frente.

Entretanto, nem tudo foi um mar de rosas. Após um começo promissor, enfrentei meses difíceis, com vendas zeradas e a pressão de atingir metas. Foi um período de autodescoberta e resiliência. Com a Black Friday se aproximando, tive a ideia de criar um *banner* para promoção e pedi ajuda a uma amiga para postá-lo em um grupo do Facebook onde só podia ter mulheres. Isso resultou na minha primeira grande venda de 17 pacotes, seguido por mais sucessos nos meses seguintes. Estudei muito sobre marketing digital e aprendi a aplicar novas técnicas do *online* no mundo *offline*, melhorando minhas vendas e alcançando minhas metas com mais facilidade.

No meio dessa jornada, descobri que seria pai. Essa notícia inesperada me motivou ainda mais a buscar sucesso e estabilidade. Quando minha filha nasceu, retornamos ao Brasil para obter a cidadania portuguesa antes de voltar para a Irlanda, onde eu não seria mais apenas um intercambista. Nessa nova fase, decidi empreender, mas enfrentei desafios que me levaram ao fracasso. Problemas financeiros e no meu casamento surgiram, me levando ao ponto mais baixo da minha vida. Estava quebrado, tanto financeiramente quanto emocionalmente.

Março de 2020 marcou o início da pandemia da COVID-19 na Irlanda. A escola onde trabalhava estava à beira do colapso, com a equipe comercial dispersa e sem perspectivas. Foi quando tomei a iniciativa de reconstruir o departamento comercial. Propus uma estratégia focada nos estudantes que já estavam na Irlanda, oferecendo descontos significativos nas renovações de visto. Essa estratégia foi um sucesso retumbante, salvando a escola da crise que abalava o mundo naquele momento.

Dois anos depois, tornei-me diretor comercial do mercado brasileiro, liderando uma equipe de 40 pessoas. Além disso, estou à frente de duas empresas no Brasil: uma financiadora de pacotes estudantis e outra que oferece um CRM para pequenas e médias empresas.

Minha jornada de intercâmbio me ensinou que, embora seja repleto de oportunidades, também vem acompanhado de desafios. Aprendi que é essencial estar preparado para os espinhos que podem surgir no caminho. "O intercâmbio é um mar de rosas, mas esteja preparado para apertar alguns espinhos!" – essa frase resume minha experiência. Mostra que, apesar dos desafios, o crescimento pessoal e profissional que se obtém é inestimável.

Nesta caminhada, aprendi que o sucesso não é linear. Há altos e baixos, mas cada passo é um aprendizado. Aprender a valorizar tanto as vitórias quanto os obstáculos é essencial. Cada momento de dificuldade que enfrentei foi uma lição, cada revés, uma oportunidade de crescer. Em cada nova etapa, descobri mais sobre mim mesmo, sobre minha capacidade de superar desafios, de me adaptar a novas situações e de perseguir meus sonhos com determinação.

Minha história é um testemunho de que não importa de onde você vem; o que realmente conta são suas ações. Crescer em uma família humilde não me impediu de sonhar grande. Ao contrário, me ensinou a valorizar cada conquista e a nunca desistir, mesmo quando as circunstâncias parecem desfavoráveis.

Espero que minha jornada inspire você a acreditar em suas capacidades, a perseguir seus sonhos com paixão e a enfrentar os desafios da vida com coragem. Cada um de nós tem a capacidade de transformar sonhos em realidade. Basta acreditar, ter um propósito, trabalhar duro e nunca perder a esperança.

A vida é uma jornada incrível, cheia de possibilidades. Com esforço, dedicação e uma crença inabalável em si mesmo, você pode transformar cada obstáculo em uma escada para o sucesso. Esta é a essência da minha história: uma trajetória de superação, aprendizado e triunfo. Uma prova de que, não importa seu ponto de partida, você pode alcançar lugares incríveis.

Esta é a minha mensagem para você: sonhe, acredite, lute e conquiste. A vida é um livro aberto e cada um de nós é o autor da própria história. Escreva a sua com coragem, determinação e alegria. E lembre-se sempre: não há limites para o que podemos alcançar quando temos fé em nós mesmos e na jornada que escolhemos seguir.

Vá lá e vença!

“

O intercâmbio é um mar de rosas, mas esteja preparado para apertar alguns espinhos!

Danilo Veloso

Deia Barbieri

Sou Deia Barbieri, filha amada de Deus, esposa de Jefferson e mãe de Amanda e Jhulia. Amo e honro a vida dos meus pais, Ida Sonego Barbieri e Sergio Barbieri (*in memoriam*).

Contadora, especialista comportamental e mentora de carreira e alta performance para profissionais, líderes e empresários, escritora e palestrante.

No decorrer da minha carreira empresarial, presenciei as dificuldades dos trabalhadores e também dos líderes e empresários, facilitando minha comunicação e desenvolvimento de ambos, elevando-os para outro nível e alcançando resultados extraordinários.

Minha mentoria tem acelerado e transformado a carreira de profissionais, líderes e empresários, alcançando melhores resultados individuais e com sua equipe.

+55 (47) 99644-1339

deiabarbierioficial

09 ACREDITE EM VOCÊ

Por Deia Barbieri

Você já se deu conta de que a vida é um palco, e no palco da vida, é você quem comanda o show? É nesse momento que você para e pensa: "Qual é o tipo de show que já apresentei e qual é o show que apresento nesse momento? Estou feliz sendo o artista desse show?".

Minha vida nem sempre foi um mar de rosas, não para todos os olhos, pois muitas vezes a grama do vizinho aparenta ser mais verde. A vida nos ensina a viver, nos traz experiências e nos incentiva a buscarmos conhecimentos. E quem nunca passou por dificuldades ou momentos difíceis?

Vou contar aqui a história da minha carreira profissional, quando iniciei aos 15 anos em uma empresa multinacional, a qual sou muito grata até hoje. Foi o princípio de tudo e sou muito grata a Deus, ao meu pai que me apoiou e incentivou a esse emprego e a muitas pessoas, que apesar de eu ter pouca experiência de vida, acreditaram em mim e na minha capacidade e vontade de aprender, fazer e crescer, acreditaram no meu talento, e abriram possibilidades, me apresentando oportunidades de construir uma carreira profissional.

Sou natural de Matelândia e morava em Medianeira, pequenas cidades localizadas no estado do Paraná. Com aproximadamente 10 anos de empresa, recebi um convite, uma oportunidade de transferência para a cidade de Itajaí, Santa Catarina.

O coração transbordava de alegria! Com a proposta em mãos, a única certeza que eu tinha, era que tudo isso que estava acontecendo chamava-se: resultado e reconhecimento do meu esforço.

Após o momento da emoção, a razão começou a me interrogar, com perguntas como: "E aí, vai aceitar mesmo? Afinal, é uma cidade maior, o medo, a insegurança, a distância da família. Financeiramente, seis por meia dúzia, já que eu iria para uma cidade turística, alto custo de vida em comparação a minha cidade" e segui com esse raciocínio, mas nesse momento, coloquei na balança e pensei: "E o aprendizado? O conhecimento? A experiência que somará no meu currículo e na minha história de vida?". Não tinha mais o que pensar, a resposta era sim.

Essa resposta foi validada com o apoio e incentivo do meu pai, que hoje está apenas do outro lado do caminho, mas tenho certeza que continua torcendo por mim! Até hoje não esqueço as palavras dele:

"Vai lá, minha filha! Qualquer coisa é só voltar, estaremos aqui!"

Era tudo o que eu precisava ouvir: uma validação, um apoio, uma dose de coragem e o mais importante, que se algo não desse certo, eu tinha uma base, um porto seguro para voltar. Minha mãe já com o coração apertado, o sentimento de: "Fica aqui, minha filha!". A minha vontade de crescer, de aprender, de conhecer, de vencer era maior, eu sentia que lá fora havia um mundo para ser explorado! Já não tinha mais dúvidas, então a minha resposta foi: "Eu vou".

Então chegou o grande dia de ir embora, o dia de pegar a estrada, o dia da despedida, o dia de cair a ficha, e pensar: "Meu Deus, o que foi que eu fiz? Será que fiz a escolha certa?". Mas vamos lá, algo novo está por vir, novas mudanças, novos desafios, novos ambientes, além de novos colegas no trabalho e na faculdade. Uau! Era uma mudança radical, e tudo isso longe da família, era o que mais pesava. A minha família, que nos reuníamos nos almoços aos domingos, ao som do adorado "toca-discos" do meu pai, e claro, pinhão no fogão à lenha e um delicioso vinho nos dias de frio. A minha família, que nos reuníamos para festejar aniversários, casamentos e festas nas comunidades. Ah! Quantas memórias!

(Um filme passa em minha cabeça enquanto escrevo esse capítulo).

E foi aí que muitas fichas caíram: já no primeiro domingo, em que eu não iria à casa dos meus pais, não teria aqueles momentos com eles. Chamada de vídeo? Não, não existia isso. A época era de esperar chegar o domingo para fazer a ligação do telefone convencional. Sim, é isso mesmo que você leu, tudo porque as ligações aos domingos tinham uma tarifa com um desconto considerável. Celular? Sim, mas era só para urgência e emergência, pois as tarifas possuíam valores exorbitantes. Aproveitávamos algumas promoções da operadora como pacotes com determinadas quantidades de SMS. Você que está lendo essa história se identifica com essa fase? Pode me chamar no *direct* do meu instagram @deiabarbierioficial para me contar.

Os dias foram passando, a cada dia um desafio que se estendia nos pilares profissional, intelectual e o mais pesado, aquele que abalava mesmo: o emocional!

Dia após dia, vida que segue, tentando controlar a saudade e todas as emoções, que aumentaram após a notícia que eu agora seria MÃE. Ah, QUE EXPLOSÃO DE SENTIMENTOS! Uma mistura de alegria e medo, medo de não dar conta e não saber o que fazer. Muito equilíbrio e oração nessa hora!

Ainda cursando a faculdade e aqui tudo começou a ficar mais difícil, mas não desisti, continuei, em passos lentos, afinal o importante é não parar, não desistir! Aproximadamente mais 2 anos, finalizei a faculdade e chegou o dia tão esperado: a minha formatura, que elevaria meu nível de técnica em contabilidade para BACHAREL EM CIÊNCIAS CONTÁBEIS! O dia em que o meu pensamento era: "EU CONSEGUI, EU VENCI!". Que conquista árdua! Que caminho difícil! Mas valeu a pena, comemorei tudo aquilo com muita gratidão, pois só eu sabia quantas lágrimas havia derramado no caminho dessa conquista.

Nesse trajeto, novas oportunidades com muitos desafios surgiram novamente, era o momento de me tornar empresária, em uma sociedade de um escritório contábil em Balneário Camboriú/SC. No primeiro momento, o sentimento era de "Uau! A oportunidade chegou", mas logo após isso, novamente muitos pontos de interrogação tomaram posse dos meus pensamentos: "Como será? E agora? Eu tenho mais responsabilidades, agora eu tenho uma filha". A primeira análise foi: estou aqui, com um emprego estável, tenho toda uma história profissional construída nesses 12 anos dentro da mesma empresa, e o que mais pesava, todo o valor que eu receberia da rescisão seria investido na compra da sociedade, e ainda, assumiria 36 parcelas de um valor considerável que se qualquer coisa "fugisse dos trilhos", poderia se transformar em dívidas.

Mas, como descobrir se conseguiremos vencer sem ao menos tentar?

Durante essa jornada de empresária do ramo contábil, na qual permaneci mais de 12 anos, adquiri muitos conhecimentos e habilidades que me fizeram crescer mais ainda profissionalmente. Esse também foi um caminho árduo, com algumas pedras difíceis para serem retiradas ou contornadas, e quando percebi, já não tinha mais os finais de semana e o tempo passava muito rápido. Nesse período também cresci como mãe, com a chegada da minha 2ª filha, e quando percebi, minhas filhas já estavam grandes e começaram a cobrar mais ainda a minha presença.

Quando parei para observar tudo que acontecia na minha vida, no meu dia a dia, o quanto eu conseguia fazer uma viagem que eu pudesse curtir a família, visitar os amigos e familiares com tempo de qualidade, o quanto realmente eu estava de corpo e mente presente naqueles momentos, o tempo que eu tinha para preparar e programar tal passeio ou tal viagem, comecei a trazer consciência para isso e novamente pontos de interrogação sequenciais começaram a fazer parte do meu pensamento.

Ainda assim, convivi nesse ritmo por mais algum tempo, simplesmente seguindo em frente, como se eu fechasse os olhos e estivesse "tudo bem". De primeiro momento, dói menos fechar os olhos e deixar do jeito que está, do que "arregaçar as mangas" e fazer diferente.

Sair da zona de conforto exige foco, coragem e determinação!

Existe outra frase comum, que diz: Se não é no amor, é na dor. E realmente a dor me pegou de jeito, quando fui surpreendida pela partida do meu PAI. Deus o chamou e hoje entendo que a missão e o propósito dele já tinham se cumprido. Esse choque de realidade me fez definitivamente perceber o quanto eu tinha dado prioridade ao meu trabalho e não tinha tempo para ter qualidade de vida e viver de corpo e mente um dia por vez, de realmente estar presente e aproveitar cada minuto como se fosse o "único" ou o "último" da minha vida.

Entre tantas perguntas para mim mesma e ao mesmo tempo sem respostas, naquele momento eu tinha uma única certeza: é momento de pensar em algo diferente! Algumas pessoas têm o desejo de assentar na sua cadeira, mas não querem passar por aquilo que você passa, só te veem no palco como vencedor, mas ninguém está vendo os bastidores, a sua persistência diária, o seu comprometimento, o seu esforço e até mesmo, algumas vezes, as suas lágrimas.

Ainda sem saber o que seria da minha carreira profissional, uma nova oportunidade me é apresentada, um procedimento, uma jornada que me levaria do ponto "A" para o ponto "B", onde além de passar por um processo de autoconhecimento, eu teria mais clareza e assertividade do que fazer no meu pilar profissional, adequando os princípios e valores definidos por mim no início do processo. Mergulhei de cabeça e tive a certeza de uma transição de carreira, pois como tudo isso me transformou, eu poderia ajudar outras pessoas a transformarem suas vidas, a viverem de forma diferente, olharem para a vida com outros olhos e principalmente aceitarem que podem mudar de profissão, independente de sua idade, de sua formação e de quantos anos permaneceram na mesma profissão. Além de contadora, eu me tornei especialista comportamental, mentora de carreira e alta performance, escritora e palestrante.

Grandes mudanças acontecem, é necessário confiar em si mesmo e na sua luz!

A sua luz ilumina o caminho de muitas pessoas. Altere o destino, mas não desista, alguém pode estar se inspirando em você, acredite!

EU FUI LÁ E VENCI QUANDO NASCI;

EU FUI LÁ E VENCI NO MEU PRIMEIRO DIA DE AULA;

EU FUI LÁ E VENCI NO MEU PRIMEIRO EMPREGO;

EU FUI LÁ E VENCI NA MINHA FORMATURA;

EU FUI LÁ E VENCI QUANDO ME TORNEI MÃE DUAS VEZES;

EU FUI LÁ E VENCI QUANDO DECIDI FAZER TRANSIÇÃO DE CARREIRA.

Vencer, muitas vezes, é apenas conseguir atravessar uma rua, é contornar as pedras ou retirá-las do nosso caminho.

Pare agora e faça uma lista de todas as suas vitórias!

Comemore!

"

A sua luz ilumina o caminho de muitas pessoas. Altere o destino, mas não desista, alguém pode estar se inspirando em você, acredite!

Deia Barbieri

Edilson Assunção

Sou Edilson Assunção, natural de Araguaína/TO, casado com Beatriz Oliveira e pai de três filhos, Mateus, Gabriel e Vinicius.

Atualmente, resido em Salvador/BA, onde sou empresário, educador executivo e CEO da EDN – Escola de Desenvolvimento de Negócios. Tenho mais de 40 mil horas dedicadas na formação de líderes e gestão de equipes, contribuindo com o desenvolvimento de centenas de pessoas, que hoje atuam em diversas regiões do país.

Me defino um apaixonado pelo empreendedorismo e dedico todo o conhecimento adquirido ao longo de 20 anos como mentor, no incentivo e preparação de pessoas para a criação e desenvolvimento de seus negócios.

Minha história de sucesso começou depois de muitos fracassos, que me fizeram entender que sucesso é fazer o que precisa ser feito, e para isso, é necessário estar preparado.

+55 (71) 98372-1919
edilson_assuncao
e.dnegocios
Edilson Assunção
silvaassuncao@hotmail.com

10 SE ACREDITAR, VOCÊ PODE!

Por Edilson Assunção

O ano era 1973, no norte do estado de Goiás, que mais tarde se transformaria no estado do Tocantins, onde eu nasci, sendo o terceiro de uma família de 8 filhos. Meus pais eram pessoas humildes, recém-chegados do estado da Bahia, com poucos recursos financeiros e intelectuais. Porém, muito comprometidos com o futuro dos filhos.

Apesar da escassez em que vivíamos, meus pais sempre fizeram o máximo para que eu tivesse uma boa educação e me ensinaram alguns valores que foram importantíssimos para meu crescimento pessoal. Apesar das dificuldades, eu tive uma infância feliz, tinha muitos amigos, brincava na rua, contava e ouvia histórias, sorria bastante e não convivia com nenhum tipo de maldade. Era um mundo maravilhoso!

Naquela época, a única forma de entretenimento disponível era assistir televisão. Eu gostava de novelas, filmes e desenho animado, e o que mais me chamava atenção era aqueles executivos engravatados, naqueles escritórios imponentes. Eu me considero um sonhador, e desde criança gostava de pensar no futuro. Então eu imaginava ser um executivo daqueles, todavia esse sonho parecia impossível diante da minha realidade.

Aos 17 anos, saí da casa dos meus pais e fui morar com meus tios para poder estudar e trabalhar, precisando me adaptar a um novo cenário que a vida me oferecia. Morar na casa de parentes, trabalhar para me sustentar e estudar em um novo ambiente, onde tudo era mais difícil, além da saudade da família e amigos.

Durante os três anos do Ensino Médio, eu morei com meus tios Abílio e Maria, a quem agradeço imensamente, por terem me recebido em sua casa como um filho. Trabalhei em vários lugares diferentes que me proporcionaram adquirir várias habilidades e conhecer a dura realidade da vida e os desafios de um jovem que precisa trabalhar e estudar ao mesmo tempo. Fui ajudante de cozinheiro, garçom, *office boy*, atendente de lanchonete, guarda noturno, servente de pedreiro e fabricante de móveis. Durante todo esse tempo, eu me orgulho de duas coisas: me destaquei em tudo que fiz, e fiz amizades por onde passei.

O tempo passou, eu me tornei um adulto, concluí meu Ensino Médio e aquele sonho de me tornar um executivo permanecia ainda mais vivo dentro de mim. Então, eu pensava nas palavras que sempre ouvi do meu pai: "Filho, o pobre precisa se conformar que é pobre". Porém, eu não queria aceitar aquilo, apesar de parecer ser uma realidade.

Quando conclui meu Ensino Médio, resolvi entrar para faculdade, prestei vestibular, passei e comecei a cursar matemática. Logo fui convidado para lecionar para turmas do Ensino Fundamental, na mesma escola onde havia estudado durante toda minha infância. Trabalho esse que desempenhei com muita dedicação durante 7 anos. Nesse momento, eu já era um homem com muitas responsabilidades e muitos sonhos. Entre eles, aquele que começara ainda na minha infância e que durava até então.

Não importava o que o destino estava me mostrando, o que naquele momento parecia muito claro: me formar em matemática, passar em um concurso e me tornar um professor definitivo. Na realidade, eu queria ser um executivo, um empresário, eu queria aquele escritório do meu sonho!

O tempo passava, muitas coisas aconteciam e eu continuava sonhando. Aos 24 anos, me casei com o amor da minha vida, Beatriz Oliveira, com quem tive três filhos maravilhosos: Mateus, Gabriel e Vinícius, e constituí minha família, que hoje é meu maior tesouro.

Minha vida parecia resolvida e meu destino traçado. Mas, de repente, tudo mudou. Saí do meu emprego, desisti do meu curso e decidi entrar para a política. Perdi uma eleição para vereador e passei a viver os piores anos da minha vida. Foi uma década inteira de sofrimentos. Juntamente com aquela eleição, eu perdi meu emprego, minha casa, meu nome que agora estava com restrição, minha reputação, passei a conviver com problemas financeiros, e precisei de ajuda de familiares e amigos para sobreviver. Porém, minha esposa esteve sempre ao meu lado, e isso foi fundamental para que eu pudesse dar a volta por cima.

Durante esse período de turbulência na minha vida, a única coisa, além da minha família, que me mantinha de pé era aquele sonho de infância que apesar de tudo, permanecia vivo. Nesse momento, eu conheci a área de vendas, o que mais tarde iria mudar minha vida. Comecei como vendedor de uma empresa de consórcios, que mais tarde seria vendida para outra ainda maior e que iria me proporcionar iniciar meu projeto de realização daquele sonho.

No início, foi muito difícil! A falta de experiência, as dificuldades financeiras e o psicológico abalado diante de muitas frustações me levaram a quase desistir. Mas sempre que pensava isso, me lembrava de uma frase de um autor desconhecido, que diz: "Os vencedores nunca desistem e os desistentes nunca vencem". Essa frase me ajudou por muito tempo a permanecer firme no meu propósito.

Trabalhando como representante comercial, comecei a organizar minha vida, me apaixonei pela profissão e decidi que me tornaria um especialista em vendas. Através da Multimarcas Consócios eu comecei a realizar meu sonho e constituí minha primeira empresa, começando a operar no ano de 2004.

Nesse mesmo ano, voltei a me candidatar para o cargo de vereador, para o qual fui eleito para um mandato de 4 anos e comecei a dividir meu tempo entre a política e a minha vida de empresário. Durante os primeiros anos do meu mandato, sonhava em ser candidato a prefeito, mas a vontade de me tornar um empresário bem-sucedido falava mais alto. O tempo foi passando e eu pensando no meu futuro, como sempre. Então tomei a melhor decisão da minha vida: abandonar a política e me dedicar exclusivamente a minha empresa.

Passei por muitas dificuldades que me fizeram entender a importância de estar preparado antes de começar um negócio. Então, comecei um processo de preparação em busca dos meus resultados. Aprendi com meus erros do passado e comecei a focar naquilo que precisava para alavancar o meu negócio.

Em 2010, eu me tornei campeão nacional de vendas como representante comercial, obtendo também a segunda melhor fixação de clientes, o que demonstrava a eficiência do meu trabalho. No mesmo ano, fui convidado pela empresa a assumir a gerência do estado da Bahia, proposta essa que traziam grandes desafios e tomadas de decisões complexas.

Por um lado, a proposta era tentadora, porque me proporcionaria a oportunidade de realização do meu sonho, por outro lado, existia o risco de fracassar. E olhando para meu passado, era tudo o que não poderia acontecer, eu não queria e nem merecia passar por todo aquele sofrimento novamente.

O momento era bom, eu estava dando a volta por cima e reconstruindo minha vida. Minha empresa tinha um bom faturamento, um quadro de funcionários competentes, dedicados e motivados, minha esposa tinha acabado de concluir o ensino superior e passado em um concurso público, já tinha quitado minhas dívidas e comprado um carro novo. Muitas coisas estavam acontecendo de forma positiva, portanto não era fácil tomar aquela decisão.

Então, eu me lembrei de outra frase, também de um autor desconhecido, que diz: "Se você quer ser, haja como se fosse". Logo pensei: "Se eu quero me tornar um empresário bem-sucedido, preciso agir como tal". Os empresários de sucesso têm coragem, determinação, assume riscos calculados, pensam grande e não abre mão de seus propósitos.

Aceitei a proposta da empresa, e parti fazendo a viagem de volta, daquela que meus pais haviam feito há 40 anos. Comecei um trabalho de implantação da empresa no estado, com a ajuda de algumas pessoas que foram comigo, abrindo a primeira loja na capital Salvador. No início, foi muito difícil, como tudo na minha vida até então. Mas, através de muita garra, persistência, apoio da minha esposa e um planejamento estratégico, os resultados positivos começaram a aparecer, e após 3 anos de trabalho, a Bahia já era o estado referência em vendas, quebrando todos os recordes da empresa e alcançando em 2018 a incrível marca de 60 milhões em créditos vendidos em um mês.

Através de um trabalho ousado de formação de equipes e liderança, realizei um dos melhores trabalhos da minha vida, formando e capacitando centenas de novos líderes, que hoje atuam em diversas regiões do país. Nesse momento, decidi continuar meus estudos e me formei em Ciências Contábeis, fiz MBA em Liderança, Gestão de Equipes e Produtividade, além de vários outros cursos que me proporcionaram a continuar meu processo de crescimento pessoal e profissional.

Hoje posso garantir que realizei meu sonho. Além da minha empresa de gerenciamento de equipes, com minha sala imponente, da qual lidero uma equipe com mais de 200 parceiros espalhados por todo estado, gerando emprego, renda, e realizando o sonho de milhares de pessoas, estou realizando um outro projeto de vida. Ajudar outras pessoas que também sonham com o sucesso no mundo do empreendedorismo, a realizarem seus sonhos. Para isso, criei a EDN – Escola de Desenvolvimento de Negócios, que atua desde o incentivo ao empreendedorismo, passando pelo processo de preparação do indivíduo para obter êxito no seu negócio, mas também oferecendo suporte e apoio nos momentos de dificuldades, com cursos, treinamentos, consultorias, mentorias, entre outros.

Assim, posso afirmar que não importa as dificuldades que a vida irá te impor, nem os momentos que pensará em desistir, o segredo é ter um propósito e acreditar sempre.

Se acreditar, você pode!

"

Não importa as dificuldades que a vida irá te impor, nem os momentos que pensará em desistir, o segredo é ter um propósito e acreditar sempre!

Edilson Assunção

Elias Daniel

Meu nome é Elias, pai de dois filhos incríveis, Valentina e Vicente, meus tesouros; casado com a Rafaela há 10 anos, filho da Teresa Cristina.

Sou empresário há 7 anos, especialista em desenvolvimento humano, formado em PNL, perfil comportamental, *coach* financeiro, *master coach* e *coach* criacional.

supremocar

elias.daniel.oficial

11 O PODER DE UMA DECISÃO - O HOMEM SE TORNA O QUE PENSA

Por Elias Daniel

Eu me lembro que dos 5 para os 6 anos de idade foi a primeira vez que notei o quanto uma decisão pode influenciar nossa vida, minha experiência foi muito negativa, mas foi a melhor coisa que aconteceu na minha vida e ao longo do texto você vai entender o porquê. Meus pais, que já estavam separados, tiveram uma discussão e a solução foi impedir que eu o visse, e assim foi por 14 anos, sem podermos ter definitivamente nenhum contato.

Não sei como descrever esse momento, mas tive um sentimento horrível de incapacidade, já que meu poder de influenciar não poderia alterar nada, nem chance tive. Com o passar dos dias, algo foi me incomodando, não achava certa aquela situação, precisava fazer algo que trouxesse uma solução, algo em que eu pudesse assumir o controle novamente. Foi quando eu tomei a primeira decisão na minha vida: "Quando eu tiver mais idade, vou atrás do meu pai e resolver essa situação".

Não só aceitei como me conformei com minha decisão e me comprometi a cumpri-la, mesmo sabendo que levaria um tempo. Sempre relembrava dessa questão. Aguardei até meus 20 anos quase completos, reencontrei meu pai em uma cidade bem distante da qual eu morava e fui atrás de minha história e cumpri minha decisão tomada há 14 anos.

Aquele menino de apenas 6 anos, agora maior, também estava descobrindo o mundo. Fui criado por um padrasto, o único filho fora do casamento, passei por alguns momentos muito desafiadores por assim dizer, não tinha apoio familiar, era empenhado em auxiliar nas tarefas de casa, ajudava a cuidar dos meus irmãos e inconformado com algumas situações daquela época. O tratamento entre nós, irmãos, era quilométrico, não entendia bem o motivo, porém, hoje me lembro de cada detalhe como se fosse um filme, percebo que em cada instante eu estava sendo cuidado por Deus e ao mesmo tempo moldado.

Não posso esquecer de minha inestimável Vó Dita, que força aquela mulher tinha! Sempre feliz! Vivíamos em uma realidade muito pobre, apesar de não entender, mas eu tinha de tudo, pois minha avó teve um papel muito importante: me apresentar a Deus. Ela sempre me levava à igreja e, além dos sermões, amava conversar e receber as reflexões de sua vida, ela era um exemplo para mim em duas áreas, sempre estava presente na igreja e sempre me orientava na vida.

Minha familia sempre foi muito festeira, muitas reuniões familiares, mas onde tem muitas festas, bebidas e mulheres, as chances de ter atrito são muito grandes e sempre aconteciam brigas, discussões, entre outras coisas. Nessa fase da vida, com 7 ou 8 anos aproximadamente, os conselhos da minha avó foram primordiais. Tenho muito orgulho da minha família, mas sou muito grato por ter seguido um caminho diferente, imagina, cresci em um lar sem estrutura emocional, sem apoio familiar, com festas, bebidas, a receita para ser ninguém na vida ou até perdido. Dependência de bebidas e outras drogas também, tudo consumindo a vivência familiar. Entre 10 e 12 anos, tinha tudo para dar errado, mas Deus me deu uma avó incrível que com conselhos sábios e comportamentos certos, me influenciou para eu ser a pessoa que sou hoje.

Você imagina uma família sem estrutura emocional, criado por padrasto, excluído praticamente da minha família, ouvindo e vivendo coisas que uma criança não deveria vivenciar. Mas foi quando aconteceu algo incrível também, pois essa falta gerou algo dentro de mim, algo extraordinário posso dizer, exatamente aos 8 anos, eu convivi com um primo chamado Anselmo Junior, um irmão naquela época, ele tinha 9 anos e começou a trabalhar. Na nossa época, era comum aqueles meninos leiteiros, que corriam pelas casas das pessoas, deixando leite pela manhã nas portas. O que achei mais interessante na época, é que era de carroça, então achei divertido.

Comecei a ir com ele, o patrão dele chamado Dionisio até pedia para meu primo falar para eu ir embora, por não ter condições de me pagar, e eu não ia, o serviço ficava em troca da experiência e aprendizado, já que ouvi muito que não prestava pra nada, nesse momento resolvi fazer o melhor com que eu tinha.

Logo cedo, aprendi que a vida era dura e que se eu quisesse mudar a direção da minha vida, só existia uma pessoa capaz de fazer isso: eu.Tomei outra decisão importante, aquele menino leiteiro decidiu mudar sua vida e construir seu destino, e já que dependia de mim, corri atrás, era isso ou aceitar como estava. Daí em diante, disse para mim mesmo: "Não dependo mais de ninguém para nada, não vou esperar chegar recurso de ninguém para fazer as coisas, vou escrever meu destino e conquistar minhas coisas". Meu primeiro salário foi de R$45,00, mas R$5,00 para mim já era festa, né? Com o restante, ajudava em casa, era uma forma de provar que eu estava fazendo algo diferente e não era um menino à toa de rua.

Nessa transição, descobri sem querer o mundo empreendedor, não tinha ideia do que era e já fazia com excelência. Desenvolvi uma forma de trabalhar melhor, mais produtiva, mais rentável e com menos esforço, pois aumentamos a produtividade e sem perceber, estava sendo observado por outras pessoas. Foi quando recebi outra proposta de trabalho em uma padaria, foram 6 meses trabalhando com maestria, até que surgiu outra proposta melhor e assim fui caminhando: oficina de moto, escritório de contabilidade, açougueiro, pedreiro, um curto tempo na roça, vendedor de sonhos na rua, e sempre obstinado a desenvolver novas habilidades, percebi que era isso que era a fórmula para crescer.

Isso também era um grande problema, pois eu não conseguia ficar muito tempo em uma só empresa, quando eu aprendia tudo que podia naquela empresa, me dava "fome" de mais, então eu saía e buscava novos conhecimentos, eu merecia muito mais. Os anos foram passando e meu desejo de alcançar o extraordinário aumentava cada vez mais, um deles era encontrar meu pai.

Lembram quando fui separado dele na infância? Com quase 20 anos o encontrei e nos conectamos novamente, foi e até hoje é um momento maravilhoso, agora mora perto de mim e sempre nos conectamos. Foram muito importantes algumas faltas na minha vida, pois não seria metade da pessoa que sou hoje, não teria esse desejo por crescimento, não construiria uma família mais estruturada, já que não tive uma na minha infância. Meus filhos têm um pai muito melhor, pois eu sei o que é crescer sem pai por perto, sem apoio emocional e físico.

Eu me apaixonei por crescimento e aprendizado, percebi que é algo infinito, não tem limites e que eu poderia escrever minha história. Minha referência sempre foi conquistar tudo aquilo que não tive a oportunidade de ter ou de receber, aliás, meus pais fizeram o melhor que eles sabiam e entregaram o melhor que eles puderam. Acredito que o maior crescimento de uma pessoa está na falta e aprendi a honrar minha história, e cada vez mais me apaixono pelo crescimento que venho desenvolvendo e conquistando.

Aos 19 anos, fui trabalhar na Rosalito, uma das empresas que mudou minha vida para sempre. Quando cheguei na empresa, novato, vi um mundo de possibilidades, estudava o curso para técnico de alimentos e quando entrei na empresa, me apaixonei por aquele mundo. Lembram que sou apaixonado por desenvolver processos melhores? Lá aprendi muito, cada operação, cada etapa, cada máquina, e a cada dia fui lapidando mais meu lado empreendedor.

Decidi então me casar com minha esposa Rafaela, e comecei a nossa família, tirei dos planos e tornei realidade. Nesse momento, eu estava passando por um momento desafiador na empresa, por que eu sempre quis mais, só que não tinha mais, era aquilo tudo que aprendi e acabou.

Um bom jeito de sanar essa fome por crescimento foi fundar minha própria empresa, a Supremocar, comecei na garagem de casa, sem recursos, mas como sempre, fiz meu melhor, rapidamente mudamos para um local maior. Nesse espaço mais completo, crescemos mais e chegamos longe. Nesse caminho resolvi entender melhor as pessoas, foi quando me apaixonei também por desenvolvimento humano, ajudar as pessoas a se libertarem de traumas e crenças limitantes; me formei em diversas áreas e comecei a atrair meus mentorados.

Em 2024, vamos inaugurar nossa segunda empresa e já temos a previsão de abrirmos a terceira. E o mais incrível é que se não tivesse faltado tanto recurso pessoal, emocional, estrutura familiar, eu jamais teria chegado até aqui. Tudo que faltou na minha vida me fez tomar decisões que me levaram a construir coisas boas, não ficar parado, não esperar.

Decidi escrever minha história por mim e pela minha família e olha que incrível o que a palavra de Deus diz em Provérbios 27:3: o homem se torna o que ele pensa. Você pode ser tudo aquilo que nasceu pra ser e viver a vida que merece.

“

Não importa o que a vida fez com você, e sim o que você faz com o que a vida fez com você, seja tudo aquilo que você foi criado para ser.

Elias Daniel

Elizandra Vieira Dias

Sou, Elizandra Vieira Dias, natural de Luanda/Angola, residente em Angola e Portugal.

Licenciada em Relações Internacionais e Direito, funcionária Pública e CEO da Empresa EMASCUAL- PRESTAÇÃO DE SERVIÇO (SU) Lda.

Escritora e especialista comportamental, pelo IDEC - Instituto de Desenvolvimento Comportamental Brasileiro.

+244 923 720 323

+351 938 189 551

elizandravd

elizandravd@gmail.com

emascual@hotmail.com

12 A IMIGRANTE

Por Elizandra Vieira Dias

O termo "imigrante" provém da junção entre migrare (mudar de residência-condição) e in (para dentro). Neste contexto, a consideração do país em que a pessoa entrou e permaneceu, considerando-o imigrante.

Imigrar é intercambiar, é mudança, é conhecimento e agregação de algo maior, este tema é a cereja no topo do bolo para o início da minha carreira como escritora, pois além de permitir que vários leitores me conheçam pela minha história de posicionamento e superação, permitirá que seja uma fonte de inspiração, força e seguimento para que outras pessoas consigam sair da zona de estagnação e dar passos concretos em suas vidas.

Este tema não foi pensado para lecionar cientificamente, o seu significado e seus contornos, mas por fazer de forma figurada todo um sentido para o momento que me propus viver durante algum tempo longe de casa, do trabalho, dos familiares e amigos, na busca pelo melhor, fundamentalmente a saúde do meu filho.

Problema

Em 2013, começou a maior jornada da minha vida, que seria o nascimento do meu primogénito, Emanuel Wagner, tendo nascido pré-termo, e apesar de nascer bem, após 24 horas teve uma sepse e consequente insuficiência respiratória, estivemos durante um mês direto numa incubadora, que se não fosse a graça divina e misericórdia em nossas vidas, provavelmente não daria este depoimento lindo de vitória e superação.

Muitas foram as idas e vindas ao hospital ao longo destes anos, um misto de frio na barriga e sorrisos rasgados de pequenas conquistas, dentro das suas limitações decorrentes do processo ao seu nascimento, foram feitas algumas terapias em Angola, mas por não serem tão significativas pela sua idade, tomei a decisão de dar um passo maior em termos gerais para nós que seria ajuda profissional no exterior e o país eleito foi Portugal, por razoes de comodidade.

Começamos o percurso de organização, primeiramente trabalhando o psicologico do agregado uma vez que todos nos mudamos, as finanças porque só é possivel estando captalizados e a documentação necessária tanto para a saida bem como para legalização no país receptor, que apesar dos inúmeros desafios, com determinação disciplina e foco foi possível a concretização.

Sem romantizar, muitas foram as crises de anciedade, não é facil sair do conforto e partir para o desconhecido, é decisão e posicionamento e consigo traz renuncia à, lugares e pessoas e para lidar melhor com a situação decidi capacitar-me naquilo que melhor sei fazer, busquei muito pelo auto conhecimento e foi um caminho sem volta, formações, palestras, *networks* e muitos outras segregações de evolução.

Comecei a alimentar-me melhor, dormir adequadamente, estabelecer uma agenda diária que não me sufocasse tanto e me levasse a níveis altos de stress, impus limites a mim mesma e consigo de forma paulatina ver progressos significativos neste quesito.

Chegar a este nível de entendimento e engajamento, terão passados muitos erros e tropeços e a narrativa aqui não é trazida ao entendimento que para aprender necessariamente devemos errar, mas que medidas devem ser tomadas para evitar dissabores, e trago uma bússola aqui que servirá de guia para que te tornes uma pessoa bem-sucedida.

Das decisões que tomei na vida esta foi sem duvida a melhor, porque encontrei a virada de chave que precisava e as pessoas que no meu destino me conduziriam a tudo que vim e me propus fazer na terra, acreditando eu que Deus na sua infinita bondade, não tira o homem de um lugar para o outro sem propósito.

Fui convidada pelo IDEC, a escrever um capitulo para o Fui lá e Venci, e consequentemente a internacionalizar-me como escritora, já que a matriz deste projecto de coautoria é internacional, fazer parte deste projeto foi um presente divino, a virada de chave para a minha vida e meus sonhos *mais remotos, imensas foram as motivações, mas a maior* delas é, sem sombra de dúvidas, a de impactar vidas por meio da minha história em vários domínios, e ter vindo de acordo a minha expectativa ou além do que esperava.

Consequência

Ser resiliente não é utopia, é trabalho diário, constante, é auto motivar-se e acreditar que a vida pode ser melhor, muitas portas se fecharão, mas elas devem impulsionar-nos a trabalhar em tudo que temos a nosso favor, com isso os resultados serão visíveis ainda que no percuso haja dor e perdas, as pessoas certas consequência de todo empenho chegarão em tua vida para ajudar-te a romper barreiras e bloqueios ceguei a Lisboa esgotada física e psicologicamente, tive medo, inconstâncias, desequilíbrios, em muitos momentos senti-me vulnerável, passei noites com frio e ao relento para tratar os documentos que precisaríamos para nos legalizar, obtive informações desencontradas e consequentemente empreendi capital de forma errada. Aos poucos, fui me encaixando à atual realidade e por intermédio e orientação certa comecei a trilhar com os meus próprios pés a minha direção.

Conteúdo

Trago neste livro um passo a passo de como lidar com situações de pressão e como fazer o que deve ser feito para realizar os seus objetivos, lembrando que o recurso tempo é inegociável e não tem manobra, é imperativo avançar agora e sem rodeios, nem que seja fazendo uma coisa por dia, deixando de olhar para o problema e limitarmo-nos às soluções.

Quem me conhece desde nova sabe que sonhei ser presidente de Angola, parece insano, mas com isso desejei ajudar no crescimento do meu país, das pessoas e na estabilidade das famílias, demonstrando na tenra idade uma preocupação e projeção de grandeza para aquilo me venho proposta fazer.

Este ano de 2023 foi um marco para minha vida, pois foi o ano mais produtivo, desafiei-me a somente olhar para situações que me favorecessem, dando passos concretos, tendo obtido resultados visíveis e satisfatórios, aproveitando deixar eternizado que viver somente do salário é um tiro no escuro para quem deseja prosperar em grande escala.

É importante que percebamos que nem sempre as coisas sairão como e no tempo que esperamos, tendo em conta que as percepções mudam, as pessoas falham, as firmas fecham, nos trazendo à tona de que a vida não é linear, e é preciso neste paradigma se reinventar com força, de modo a adaptar-se a estas mudanças, crie a sua marca e se permita deixar um legado, crie uma empresa e trabalhe naquilo que melhor sabe fazer, olhando para os passos que dei, percebi que é nos pequenos detalhes que residem as soluções.

Em termos gerais, tomei decisões que me custariam coisas, lugares e pessoas, mas que me libertariam da cadeia de estagnação. Ora viva, venci. É fazível e possível sim recomeçar, mas de que modo?

O meu nível de consciência

Quando constitui a minha empresa, tinha 24 anos e já projetava grandes investimentos mesmo sem capital e/ou financiamento, recorri as entidades afins, fiz as formações nos organismos habilitados para o efeito, não aconteceram a certo tempo mas não baixei a guarda, não é fácil como parece, o percurso é árduo, mas promissor, caso esteja colocando de forma assertiva os seus conhecimentos e se vinculando as pessoas certas, fui cirurgica com meu ciclo afectivo e passei a esgotar maior parte da energia neste campo, portanto não tenha medo de começar, de arriscar, de investir, tente e busque balizar seus potenciais com conhecimento e cerca-te de pessoas que o motivem a crescer, o tempo é hoje e agora, abra o olho e saia da cama, não te detenhas nos nãos que a vida te deu, procure virar a chave e se permita viver o extraordinário.

Inspirar

Com todo processo que vivi nestes meus singelos 37 anos, amadureci acertando, errando, mas olhando para a trajetória até aqui, feliz com o rumo que tenho dado e os pasos realizados, portanto deixarei um passo a passo que poderá eventualmente servir de bussula quando se sentir perdido.

1. Adore a Deus acima de todas as coisas, seja grato por tudo e principalmente pela vida;
2. Tudo começa na nossa mente, a lei da atração é real;

3. Silencie seus projetos até que os mesmos se materializem, o que ninguém sabe ninguém estraga;
4. Não fique ansioso com o resultado, o seu trabalho e empenho a seu tempo falarão por si, seja pacífico com o processo;
5. Faça investimentos e procure ajuda especializada para o efeito;
6. Tenha o hábito de pagar suas dívidas e pratique ações de filantropia, as mãos que doam costumam ser muito mais abençoadas;
7. Levante-se cedo, trabalhe o tanto quanto for possível para aumentar suas fontes de renda;
8. Leia conteúdos que agregam e vão de encontro ao seu nicho empresarial ou pessoal;
9. Selecione bem o seu ciclo afetivo, ele costuma ditar muito sobre sua evolução e crescimento;
10. Honre quem te estenda a mão, seja qual for o momento da sua vida.

Continuo praticando diariamente estes passos por mim escritos, somos seres humanos e falhos, por esta razão, incentivo as pessoas a fazerem o mesmo ou melhor.

Agradecimentos

Gratidão à vida e ao maior de todos os escritores, Deus, a Ele devo toda honra e glória.

Aos meus pais Felisberto Manuel da Costa e a Ana Maria Vieira Dias Tómas, por me concederem a vida; aos meus irmãos por existirem, Naulila Suely e Pedro Carlos, (Nucho); aos meus filhos, Emanuel Wagner e Liyana Madlice, por serem minha grande força de inspiração, ao meu porto seguro; a minha sobrinha Stela Luís por todo suporte e amor ao longo destes anos, dedicados a mim e aos meninos.

Agradeço ao casal Márcio e Jamena Mokgothu por todo suporte até aqui e por me apresentarem o IDEC; aos meus familiares e amigos em geral, que sempre enalteceram minhas potencialidades.

"

Transforme sua maior fraqueza em fortaleza e reconstrua-se quantas vezes for necessário.

Elizandra Vieira Dias

Fabiana Thompson

Era uma vez uma contadora de histórias, eu, Fabiana Thompson. Nasci em Recife/PE, moro em Aldeia, Camaragibe, casada com Luiz Thompson desde 2010, temos dois filhos Benjamin e Crystal. Serva de Cristo, professora e gestora formada em Letras Inglês/Português, especialista em Língua e Literatura Inglesa, Secretária Executiva (UFPE), mestre em Gestão Empresarial e certificada em Storytelling pela McSill Story Studio/UK.

As minhas escolhas só fazem sentido através das histórias que eu mesma conto, pois conectam e movem muitas pessoas para uma entrega de excelência e alta Performance. Quando pensava que havia vivido muitas experiências transformadoras, fui pega por um processo que nem imaginava que seria o meu maior empreendimento, a luta contra o câncer de mama. Essa jornada me rendeu narrativas incríveis e através da escrita do Diário de Fabi, tenho ensinado a muitos e fortalecido mãos cansadas (Jo 4:3).

fabianasthompson

odiariodefabi

odiariodefabi@gmail.com

Fabiana Thompson

13 O DIÁRIO DE FABI: TRANSFORMANDO DORES EM HISTÓRIAS

Por Fabiana Thompson

Só faltava pressionar a tecla *enviar*. Era dezembro de 2020, estava finalizando o trabalho enviando as últimas mensagens antes do recesso de fim de ano. Encerrava a jornada de um ano atípico com sucesso, mas para montar a agenda do ano seguinte precisava saber o resultado da biópsia de câncer de mama.

Um momento desafiador para a humanidade ameaçada pela COVID-19, pessoas exaustas física e emocionalmente, trabalho e escola das crianças em casa, somados aos afazeres domésticos, exigindo ainda mais esforço e disciplina. O cansaço era enorme, mas o meu estava fora do comum. Algo estava errado, só despertei quando notei alterações na mama direita.

No ultrassom, muita demora e silêncio da médica, quem conta histórias sabe o valor das pausas. No resultado, um BIRADS-5, desconhecido pra mim, porém havia um problema: como vou descobrir e tratar o que tenho sem plano de saúde?

Busquei soluções até que lembrei de um plano de cobertura maior, o plano da salvação! Através de uma oração transformadora e cheia de fé, assinada pelo nome de Jesus, o caminho se abriu. No mesmo dia, pedi ao Espírito Santo "tudo" o que precisava e o que ainda nem sabia que iria precisar. O milagre aconteceu e o meu "tudo" veio através do SUS (Sistema Único de Saúde). Realizei vários exames de outubro a dezembro de 2020 para fechar o diagnóstico com segurança: mamografias, punções para biópsia, exames de laboratório etc. Muitos olhares de profissionais preocupados e mais silêncios longos. Quando estava deitada na maca no exame para a biópsia, ouvi uma música de fundo, senti medo. Minutos antes, tinha lido que a minha fé iria me curar, mas não sabia de que ainda.

O exame começou e a sensação era a de que estava sendo grampeada no peito, o que explicava a feição das mulheres quando saíam do consultório. Desviei a atenção das grampeadas para a música de fundo, conhecia a letra em inglês e ouvi uma voz dizendo: "Sim, você enfrentará o câncer de mama, os seus cabelos cairão e a sua mama será arrancada, mas seguirá maravilhosa, exatamente do jeito que você é". À espera dos resultados, continuei lendo sobre o câncer para aprender o que estava acontecendo e assumir o protagonismo do tratamento.

Na antevéspera do Natal, abri os resultados em casa, liguei a câmera e registrei a abertura dos diagnósticos. Estudar sobre esse tema me proporcionou paz naquele momento, buscar conhecimento trouxe o entendimento que precisava sem deixar espaço para o desespero, apenas gratidão pela certeza de que o meu "tudo" e um pouco mais estava garantido.

Mas, lembra da minha agenda do ano seguinte? Pois é, escorreu pelas minhas mãos, o resultado mudou os meus planos por completo e o tratamento passou a liderar uma rotina desconhecida, impossível prever o que viria adiante. E agora, como vai ser?

A caminhada exigiu algumas tomadas decisões que poderiam facilitar ou dificultar essa jornada. Sem dúvidas, a maior e mais importante foi convidar o meu Consolador para o processo, primeiro Deus e, por isso, chamo de decisão número zero, pois é o marco de toda a minha narrativa. Nesse convite, Ele não apenas disse sim, mas me abençoou com lugares e pessoas preciosas para me dar a cura.

Uma vez que tinha me acertado com o meu Criador, precisava pensar em como comunicar para o meu marido, filhos, pai, mãe, irmãos, familiares, amigos e encarar a sociedade, em seguida decidir como encararia o afastamento do trabalho e, por fim, como iria administrar e lidar com os efeitos colaterais que um tratamento agressivo traria. Uma coisa é dizer que estou com câncer e outra é compartilhar a caminhada. Começar comunicando para as pessoas foi orgânico, o que não a tornou tão fácil assim, mas ajudou. Conheço muitas pessoas e tinha uma equipe de trabalho, predominante composta por mulheres, que acompanharam a minha jornada de exames e mereciam saber o desfecho dessa história.

A minha mensagem de Natal no ano do diagnóstico foi comunicando o resultado: "metástase linfonodal de carcinoma ductal", a confirmação do câncer de mama, cheia de conforto e fé num tratamento que tinha tudo para ser bem-sucedido.

Esse comunicado trouxe a ideia de fazer algo que eu sempre amei: escrever! Elaborar um texto único para comunicar sobre a minha saúde economizaria bastante energia, a partir daí decidi que eu não passaria pelo deserto sozinha e nem imaginava que nasceria "O Diário de Fabi", nomeado assim carinhosamente por uma amiga e leitora muito querida.

O câncer trouxe consigo grandes ensinamentos, a maior lição foi aprender a abrir mão do controle de toda uma agenda. Eu só conseguia planejar, no máximo, como seriam meus próximos 21 dias, o tratamento passou a ser o trabalho mais importante da minha vida. No que dependeu de mim, eu fiz tudo! Os médicos e equipe se impressionaram com as minhas atitudes diante das dores e sofrimentos do meu processo, mas não havia outra opção, a não ser enfrentar e dar duro para alcançar os resultados. E assim foi, me entreguei às 8 (oito) quimioterapias, à queda dos cabelos, perdi a mama direita, fiz 15 (quinze) radioterapias, tomei Herceptin, adequada para o tipo de câncer Her2+ e segui com a hormonioterapia com o tamoxifeno.

O que não esperava mesmo era que o câncer de mama voltasse tão cedo, nem pensava nisso e mal tive tempo de começar a ter medo desse retorno. Foi quando uma pequena mancha vermelha na pele acendeu o alerta para a minha mastologista. Era o sinal de que viria pela frente uma recidiva cutânea precoce, consigo trazia o mesmo cansaço sentido na primeira vez. Uma das maiores frustrações e decepções que eu tive ao longo da vida foi quando li: "carcinoma pouco diferenciado"! Entrei em conflito: "Como assim? De novo? Mas eu sou uma pessoa diferenciada, essas células não estão sincronizadas com meu corpo e mente".

Comecei a chorar andando pelo hospital, nem tinha medo de morrer, o problema era o cansaço, não sabia como reunir mais forças para passar por mais um processo. Não parava de pensar: "Fiz tudo, absolutamente tudo o que precisava ser feito ao longo de um ano e meio de tratamento. Alimentação impecável, visitas regulares aos médicos, atividades físicas", mas lá estava ele de volta.

A forma que eu aprendi a lidar com o câncer fez toda a diferença. Estava muito além da minha personalidade ou contexto, teve a ver com decisão. Precisei decidir lutar mais uma vez, seguir alegre e com gratidão porque tinha jeito, assim como da primeira vez, tinha jeito.

Descobri que a alegria é um mandamento, que nada depende das circunstâncias. Aprendi o significado de ser forte na fraqueza, a ser corajosa diante do medo, de fazer tudo pela força da obediência e disciplina, indo muitas vezes contra as minhas próprias vontades ou sentimentos. Aprendi o verdadeiro valor da vida que não é ter, mas ser!

O câncer também me ensinou a ser, antes de ensinar e partilhar os desafios de uma vida com sofrimentos e muitas, muitas conquistas com o máximo de pessoas por perto. Estar aqui hoje, 3 (três) anos depois, é a maior recompensa que eu poderia receber, por isso, tenho o privilégio e o compromisso de registrar para as próximas gerações que eu fui lá e venci, não apenas um, mas dois cânceres.

Quando questionei o "para quê" dos cânceres, entendi que não era sobre apenas ser uma boa aprendiz, mas sobre o meu potencial de ensinar e contar histórias. Eu sou simplesmente apaixonada por aprender e ensinar, claramente tive a oportunidade de ser lapidada na dor para alcançar várias pessoas. Fui entendendo que a minha maior força estava na vulnerabilidade apresentada nas histórias que contava e não apenas nas que vivia nos bastidores.

O Diário de Fabi é sobre ensinar mesmo na dor, fui entendendo que ele servia como uma ferramenta poderosa planejada pelo grande contador de histórias para compartilhar em tempo real cada etapa dos dois tratamentos de câncer de mama, expondo os desafios e impactos no dia a dia de uma paciente oncológica. Estabeleci um padrão de envios para a minha lista de transmissão a cada 21 dias, quando eu demorava a dar notícias os leitores me cutucavam, recebia muitas mensagens em retorno, não apenas de encorajamento, mas de como as suas vidas haviam sido transformadas.

Claramente o diário foi bem mais além do que esperava, tornou-se em uma fonte de inspiração para pessoas que passavam pelas mais diversas dificuldades da vida. As histórias que escrevia ganharam vida própria e extrapolaram as pessoas que eu conhecia, chegando aos próximos dos meus próximos, espalhando uma mensagem de fé, luta e superação. Acredito que nem nas minhas melhores ideias criativas eu planejaria dessa forma.

Mas, você pode estar se perguntando: o que você tanto escrevia nesses textos?! Basicamente, eu seguia uma estrutura de falar sobre a parte técnica ou científica do tratamento, em seguida as histórias ao meu redor, impressões, sentimentos e depois o que a Bíblia diz sobre cada aspecto abordado, no final das contas eram os critérios e promessas da Palavra e as orações dos meus irmãos de fé que organizavam os meus pensamentos e me fortaleciam para as etapas seguintes.

Na recidiva aprendi a ser frustrada como uma criança que perdeu o doce bem antes da primeira mordida, entendi que o sucesso do primeiro tratamento não dependia exclusivamente de mim, pois creio sim, em uma vontade soberana e perfeita que está muito acima de toda razão, bem acima dos céus, olhando pra mim, decidindo o que é melhor mesmo que eu pense o contrário. A constância e perseverança foram as principais lições do segundo processo.

Hoje coleciono mais de 60 (sessenta) diários cheio de palavras que me ajudaram a enxergar uma dança sincronizada entre corpo, alma e espírito, tudo voltando para o lugar. Escrever a jornada me tornou mais sensível às palavras e às pessoas ao meu redor e devem ser contadas e recontadas para a cura de muitas outras pessoas. E assim como no Diário, finalizo, em Cristo, Sempre Alegre e Incansável.

"

A sua maior força vai além das histórias que vive nos basti-dores, está naquelas compartilhadas através da escolha de palavras impactantes.

Fabiana Thompson

Fabinho Nascimento

Sou Fabinho Nascimento, formado em Ciências Contábeis, pós-graduado em Gestão Empresarial, CEO da Contabilidade FN, em São José dos Campos. Antes disso, sou "um cara família", esposo da Andréa, pai do Henrique, da Isabela e Catarina, apaixonado por futebol, temente a Deus e grato aos meus pais.

Sim, fui jogador profissional enquanto fazia faculdade e sonhava em seguir carreira futebolística. Mas, como Deus sabe das coisas, uma lesão com pré-contrato assinado fez meu ingresso no mundo contábil e fui trabalhar com meu pai.

O empreendedorismo sempre me acompanhou, e fez-me aventurar em vários negócios concomitante com o escritório. Tais experiências, boas ou não, me fizeram um empresário muito melhor, trazendo um diferencial poderoso, com um novo *mindset*.

Hoje, realizado na profissão, levo como missão de vida ser luz na evolução dos empresários e inspiração para meu time.

fabinho.contador

contabilidadefn

14 APRENDA COM A JORNADA: ESSE É O JOGO DA VIDA!

Por Fabinho Nascimento

Nas páginas a seguir, convido você a percorrer os caminhos sinuosos, desafios e vitórias da minha trajetória como empresário no ramo da contabilidade. Como sucessão do meu pai, herdei não apenas um escritório, mas uma pesada dívida de mais de 2 milhões e todos os percalços que a acompanharam. Contudo, como o título sugere, esta não é uma história de derrota, mas de superação, perseverança e triunfo.

Então, descrevo o momento em que me vi diante de um problema que parecia intransponível, sim, momentos de pressão financeira, cobranças e incerteza, do peso da responsabilidade que pesava sobre mim, do abalo emocional, a tristeza e decepção, mas, principalmente, a chama da determinação que ardia e arde em mim, as estratégias de transformação de pensamento, de atitude, as lições que fazem da minha jornada um orgulho, uma realização pessoal e profissional, onde me sinto seguro para reproduzir em voz e caixa alta: FUI LÁ, E VENCI!

Esta curta biografia é um exemplo de resiliência e visão empreendedora. Não se trata apenas de uma história pessoal, mas aprendizados valiosos para todos que enfrentam desafios aparentemente insuperáveis em busca de seus objetivos.

Ajudar empresários e colaboradores a prosperem e realizem seus sonhos é uma grande satisfação!

Me sinto responsável por mais de 50 famílias, mais de 700 empresas e suas famílias. Alguns podem entender como um fardo, mas pra mim, é uma dádiva. É indescritível a alegria sentir que de alguma forma participei da evolução, sucesso ou realização de alguém, seja através de um CNPJ ou do CPF.

Às vezes, um pouco solitário, confesso. Mas ser visto como suporte é muito gratificante! E para momentos de inquietude e solidão, olho para cima e peço a Deus o discernimento e tranquilidade necessários para conseguir ser um apoio positivo na vida das pessoas.

Sempre fui assim, essa responsabilidade do empreender me fascina!

2018 foi o ano da virada do meu jogo como empresário contábil, por ter assumido exclusivamente a empresa, na época FNascimento Escritório de Contabilidade, mas principalmente, por ter dado início a uma busca incansável por conhecimento e aprimoramento, podendo enxergar assim que aquele modelo de negócio, que havia funcionado até o momento, estava fadado ao fracasso, à falência, se nada mudasse. Comecei a estudar novamente cursos, novidades do mercado, mergulhei em treinamentos, mentorias, com foco total em novas e até ousadas estratégias para reverter o cenário adverso. A busca por eficiência, inovação, tecnologias, uma equipe reestruturada e comprometida foram peças-chave para dar início à transformação do escritório.

Mas voltemos um pouco nesse cenário, recapitulando e falando abertamente. Em 2003, entrei oficialmente no mundo da contabilidade como profissão, aprendendo ofícios desde *office-boy* até departamentos no escritório fundado pelo meu pai em 1993.

De 2004 a 2017 digo que espalhava brasa mas não fazia fogueira, em diversas tentativas de gerenciar ramos diferentes, além da contabilidade. Hoje sei que, mesmo sem o sucesso pretendido, todos os erros e acertos me trouxeram à experiência necessária, nas dores do empreendedorismo, e me proporcionaram uma visão mais apurada como contador.

Na realidade, o motivo de irradiar em negócios vinha da sensação de não partícipe dentro da FNascimento, afinal era o escritório do meu pai, uma herança da família, inclusive o caixa dela também. Essa sensação me fez buscar por muito tempo fontes de renda diferentes: quadra de *society*, gráfica, imobiliária, restaurante foram algumas de minhas aventuras empreendedoras. Senti que fazia muito e nada ao mesmo tempo. Tinha o título de proprietário, mas nenhuma estabilidade financeira, nenhuma empresa verdadeiramente saudável.

A decisão de liderar a até então FNascimento Contabilidade em 2018, veio de uma reflexão profunda do que realmente eu queria fazer.

Um curso de aprimoramento direcionado para empresários, onde o autoconhecimento é amplamente desenvolvido juntamente com planos de ação, me fez entender que eu precisava de foco. Seguramente, aquilo em que focamos se expande e eu deveria dar início a um novo ciclo dentro da empresa. O sonho de uma empresa de sucesso poderia ser real com minha dedicação exclusiva. Eu acreditava no meu potencial. E assim, nas vésperas da aposentadoria do meu pai, comecei a me inteirar dos números efetivamente.

Minha atuação até aquele momento, além de compartilhada, fazia frente à operacionalidade da empresa e não o gerenciamento minucioso das finanças, fluxo, clientes, tudo que um diretor precisa ter ciência. Nesse exato momento, me dei conta que se eu não tivesse tomado a decisão de atuar 100%, de pertencer e desenvolver, eu não conseguiria reerguer a empresa. Me deparei com números em decadência, com cobranças inesperadas e clientes descontentes. Precisava trazer o crescimento organizado, em processos e em pessoas.

Uma das grandes dificuldades dessa herança, além dos problemas financeiros, foi lidar com a equipe. Muita gente ali vinha da gestão do meu pai, não acreditava em mim, nem em um novo modelo de negócio que eu queria implantar. Muitos não aceitavam e não ajudavam para que a engrenagem funcionasse. E claro, muitos não sabiam também de toda dificuldade relacionada ao financeiro que estávamos enfrentando.

As dívidas apareciam como surpresa, a sensação de fracasso e humilhação em negociar com cada credor algo que não era de meu conhecimento, era deprimente. O medo em lidar com agiotas que apareciam em minha porta de repente. Percebo hoje como era difícil expor tais dificuldades, talvez por vergonha, tristeza, revolta, não sei. Foram muitas as barreiras ultrapassadas, muitas mudanças. A começar pelo nome, logo, posicionamento. Abandonamos o estigma de um escritório de contabilidade tradicional.

Reflito muito sobre as lições valiosas que aprendi com meu pai, suas virtudes e erros que moldaram minhas atitudes para lidar com os desafios e as adversidades. Sem julgamentos, deixei de tentar entender seus motivos, de encontrar concordância. Guardei somente a certeza que tudo que fez foi acreditando ser o melhor para todos e mesmo com a saída em meio a um colapso, ele sempre buscou solucionar as dificuldades de todos os filhos, e como pai, não posso julgá-lo ou culpá-lo. Somente agradeço por ter conseguido abrir a mente, mudar a rota e ajustar o barco para outra direção.

E claro, todas essas mudanças de pensamentos, de cultura, de paradigmas trouxeram inclusive mudanças de estrutura. Saímos de uma sede residencial para um prédio comercial em uma região nobre da cidade. Investi, totalmente sem caixa, em mudanças e abordagens arrojadas. Arrisquei, com mais aperfeiçoamento e participação em mentorias, atrás de acessos à modelos modernos de negócios. Tivemos saltos galopantes em número de clientes e de equipe. Mas não so isso. Tivemos saltos no desenvolvimento das pessoas, na reestruturação do time, na implantação de cultura, na criação de um *hub* de soluções cada vez mais completo para ajudar o empresário de qualquer ramo, um ecossistema de serviços para uma entrega organizada e com excelência. Atraímos colaboradores cada vez mais qualificados, trabalhamos para que a empresa, Contabilidade FN, fosse um ótimo local para se estar sendo cliente, parceiro ou colaborador.

Os primeiros sinais de prosperidade começaram a aparecer, com crescimento em plena pandemia, ampliamos com uma filial em Cruzeiro. Fizemos parcerias e desdobramentos contando hoje com BPO financeiro, BPO RH, novos departamentos: financeiro, comercial, MKT, sucesso do cliente, investimos em ferramentas, tecnologias, foram muitas evoluções em um pequeno espaço de tempo.

A construção de uma equipe com mentalidade vencedora foi fundamental para alavancar o sucesso da FN. O RH interno contribuiu na identificação e retenção de talentos. Pessoas dedicadas a inspirar a equipe, promover um ambiente de colaboração, levando a empresa a um novo patamar de excelência.

Com todos esses movimentos, essas mudanças expressivas, começamos a colher os frutos de nosso trabalho árduo. Mais clientes, alívio financeiro, possibilidades de investimentos, trazem a certeza de que estamos no caminho certo, e que seguiremos em ascensão.

Quando olho para esse passado recente e me deparo com o presente que criei com meu time através de uma decisão, sinto muita gratidão e esperança no futuro. Vejo a consolidação do sucesso, como uma empresa que prosperou, ganhou nova reputação e conquistou novos mercados. As estratégias empregadas trouxeram, enfim, um crescimento sustentável.

E tudo isso para quê? Porque como dito anteriormente, minha missão e da FN é ser luz para a evolução dos empresários e inspiração para o desenvolvimento do time. Não dá para a missão da empresa ser diferente da missão do Fabinho. Hoje eu sou, com orgulho, a cabeça e o coração da FN. E vou torná-la a maior empresa contábil do Vale Paraíba.

Por tudo isso, eu venci, mas sei que a jornada continua.

Encerro essa narrativa destacando que a jornada do empreendedor nunca chega ao fim. O sucesso é um ponto do jogo, mas a aprendizagem contínua e o desejo de superar desafios precisam permanecer intactos.

E não poderia finalizar sem registrar alguns agradecimentos. Sim, gratidão. Ao meu pai, que deu os primeiros passos dessa empresa há trinta anos e independentemente de tudo, me ensinou não somente o ofício, mas o comprometimento e paixão pela profissão. Também agradecer à minha esposa, que me inspira diariamente a buscar conhecimento, aos meus filhos, por entenderem minha ausência em momentos importantes. A todos os colaboradores que passaram por esta empresa ao longo dos anos. Cada um com certeza desempenhou um papel fundamental na construção deste legado. E a todos os nossos clientes, razão pela qual fazemos o que fazemos. Agradeço a confiança, apoio e parceria.

Gratidão é o sentimento que norteia meu coração e o aprendizado constante deve ser a busca de todo empresário. Aprender e aproveitar a jornada, até o apito final. Esse é o jogo da vida!

"

Ser luz e inspiração, esse é meu legado!

Fabinho Nascimento

RE
CO
ME
ÇAR

Flávia Canhestro

Olá, o meu nome é Flávia Canhestro, tenho 44 anos e sou mineira, nascida em Belo Horizonte. Filha do Sr. Francis e da Dona Elza. Mãe do Gabriel e de dois anjos. Gestora de Recursos Humanos e pós-graduada em Neuropsicologia.

Escolhida desde o ventre da minha mãe. Forte e corajosa! A menina dos olhos de Deus.

E é com muita alegria que venho compartilhar um resumo da minha história com você.

Seja muito bem-vindo!

+55 (31) 98713-3335

flavia_canhestro

flaviacanhestro@hotmail.com

15 SEJA FORTE E CORAJOSA

Por Flávia Canhestro

O ano era 1999. Eu acabara de completar 20 anos e estava casada há apenas 8 meses. Queríamos logo um bebê. Por isso eu e meu ex-marido decidimos fazer um *check-up* completo. Em uma dessas consultas, um médico me disse que eu estava com um "volume" anormal no pescoço e me sugeriu procurar um endocrinologista. E assim eu fiz.

Procurei um médico de referência e quando cheguei no consultório, ele disse que provavelmente não era nada, mas que faríamos uma biópsia por precaução. Disse ainda que na minha idade, se o nódulo fosse sólido, seria câncer. Mas que eu poderia ficar tranquila porque não seria nada.

Fiz a biópsia no mesmo dia do aniversário do meu ex-marido. Eu havia preparado uma festa surpresa pra ele e achei que o exame não atrapalharia em nada. Mas fugindo da minha previsão, o exame foi horrível, com agulhadas no pescoço, e depois do procedimento o médico me disse que se tratava sim de um nódulo sólido.

Engoli minha dor e desespero e fomos para casa, onde as pessoas já nos esperavam. Cheguei com os esparadrapos no pescoço, com dor e o coração angustiado, mas permaneci firme naquele momento. E assim seguiram os dias até pegar o resultado: uma mistura de fé que não seria nada com uma ansiedade que sussurrava: "E se for, o que vai ser?".

Enfim, o grande dia chegou. Abri o resultado na casa da minha mãe e ali eu desmoronei: "Carcinoma papilífero da tireoide". Sim, eu estava com câncer.

Recém-casada e cheia de sonhos, naquele dia eu vi meu mundo desmoronar. "Como assim? Eu tenho apenas 20 anos... Onde eu errei? Por que comigo? Por que Deus?". Esses foram alguns dos meus questionamentos e acredito que sejam da maioria dos pacientes oncológicos quando recebem esse diagnóstico avassalador.

Passado o choque e a tristeza da notícia, vesti minha armadura da fé e fui para a luta; exames e mais exames complementares, cirurgia e terapia complementar com iodoterapia. Fiquei sem minha borboleta (tireoide) e desde então faço reposição hormonal. Tratamento finalizado, exames em dia, depois de alguns anos consegui finalmente realizar o sonho de me tornar mãe. Após uma gestação de alto risco, meu filho Gabriel veio ao mundo pesando 1.315 kg. Ficou trinta dias lutando na UTI e se tornou mais um milagre de Deus na minha vida.

Tudo ia aparentemente bem, até que meu primeiro médico veio a falecer e eu passei a ser paciente do Dr. Rodrigo Fasciani. Sempre preciso, ele pediu uma série de exames na qual o resultado trouxe consigo o que nem de longe eu esperava: uma recidiva do câncer. E dessa vez com uma "surpresinha"; metástase nos pulmões. Sim, o mal que eu temia me sobreveio.

Acho que nem nos meus piores pesadelos eu imaginava que isso pudesse acontecer. Na verdade, tudo aquilo parecia tão surreal que eu só queria acordar... mas não era. E próximo de completar 5 anos da primeira vez que tive o câncer e ser declarada "curada" pela medicina, eu me vi no início de tudo novamente.

Passei por mais duas doses de radiodo e uma nova cirurgia para a "limpeza" da região cervical. A ideia era retirar qualquer resto de tecido residual da tireoide, para que o iodo se concentrasse em destruir as células metastáticas dos pulmões.

Foram meses de tratamento... mas por mais incrível que pareça, desta vez eu estava mais confiante em minha cura do que da primeira vez. E apesar da metástase, eu sabia que Deus iria me contemplar com mais um milagre.

E assim foi. Depois de 6 meses de tratamento, meus exames finalmente estavam "limpos". E eu estava finalmente curada, mais uma vez e para a glória de Deus!

Segui fazendo meu controle periodicamente, mas depois de todo esse processo, ainda passei por dois abortos espontâneos muito dolorosos e me divorciei.

Apesar de todos os percalços, tudo seguia dentro da "normalidade". Até que em maio de 2022, fui fazer meus exames preventivos ginecológicos. Chegando lá, meu médico, Dr. Luciano Freitas, que cuida de mim há mais de 20 anos, foi fazer o exame nas mamas e de cara encontrou algo estranho do lado direito. Assustado, ele disse que não se lembrava daquilo no meu último exame e foi verificar no prontuário. Embora não tivesse nada registrado anteriormente, ele tentou me acalmar dizendo que poderia ser apenas algo da minha cicatriz, já que eu fizera mamoplastia há alguns anos.

Pediu vários exames e me encaminhou ao mastologista. Sai de lá sem chão mais uma vez. Eu já havia notado aquele pequeno nódulo há uns três meses, mas a minha vida sempre corrida fez com que eu não desse importância àquele sinal e agora eu me encontrava mais uma vez na angústia de um diagnóstico.

Fiz todos os exames e no dia da biópsia eu já notei algo diferente no semblante do meu médico mastologista. E quando li a sugestão de prognóstico, chorei muito, porque já conhecia aquelas palavras sugestivas. Enfim, os dias se passaram e quando peguei meu resultado estava novamente na casa dos meus pais e outra vez eu desabei. Sim, eu estava com câncer pela terceira vez. Minha mãe assustada e triste, tentando me confortar, disse que eu não merecia aquilo. E eu de novo, em meio as lágrimas me questionei: Por que eu? Por que comigo? Será que mereço isso? Por que, Deus? Por que?

Eu não acreditava, afinal, 18 anos se passaram e desde a recidiva eu sempre tentei levar uma vida saudável, com bons hábitos e exames em dia... Bom, exames feitos e refeitos foi decidido pelos meus médicos fazer uma cirurgia parcial para retirada do nódulo, com preservação da mama, juntamente com os linfonodos sentinela para verificar a extensão da lesão.

Depois da cirurgia, o oncologista que me atendia na época optou por uma quimioterapia adjuvante, que é preventiva, e esse foi o momento mais doloroso de todo o tratamento, sem sombra de dúvida. Porque quando me tratei dos outros dois cânceres, não fiz quimio e não passei pelo oncologista. Todo o tratamento foi conduzido pelo endócrino e a quimioterapia quase não é indicada e sim a iodoterapia, que embora tenha seu processo delicado, provoca poucas reações adversas.

Me foram passadas 6 sessões, com intervalo de 21 dias (mas pra mim durou uma eternidade e eu ficava me perguntando como tantos pacientes oncológicos fazem muito mais sessões que isso e suportam, porque diversas vezes eu quis parar no meio do caminho).

O dia da quimio e a infusão em si eram tranquilos e a maior parte das vezes eu até ia sozinha, porque além de não sentir nada naquele dia, ainda tinha uma equipe que me acolhia e me "carregava no colo" durante o processo. Mas nos dias que se seguiam as coisas mudavam. Primeiro, porque durante os 5 dias após receber a medicação eu tinha que aplicar uma injeção na barriga pra aumentar a imunidade (eu mesma aplicava) e ela ajudava a piorar o que já não estava bom. Lembro-me que no primeiro ciclo eu senti uma pressão tão forte no peito que fui parar no pronto-atendimento. E cada um foi diferente, mas em geral, os sintomas que se repetiam eram dor de cabeça e no corpo em geral, fadiga (muita fadiga), sudorese, enjoo 24h por dia, dormência na ponta dos dedos, diarréia ou prisão de ventre e perda do paladar - que era uma das piores coisas pra mim, porque eu não tinha vontade de me alimentar, já que não sentia o sabor dos alimentos, mas precisava, para fortalecer o organismo e me preparar para o próximo ciclo.

Tinham dias que eu me deitava bem cedo para ver se chegava logo o dia seguinte e eu estar melhor. Mas muitas vezes, a maioria na verdade, isso não acontecia e eu sentia todo aquele mal-estar outra vez.

Perdi meus cabelos por volta do 15º dia depois do primeiro ciclo e embora já estivesse me preparando para esse momento, o impacto foi grande. Meu filho Gabriel e minha mãe foram os responsáveis por cortá-los, quando vi as tochas caindo ao chão. Embora a gente esteja cansada de saber que depois cresce, não é sobre isso. E só quem passa sabe a dor que esse momento representa. Enfim, e o que parecia que não ia passar, passou. E eu venci mais uma etapa.

Mas, como sempre tem uma surpresinha (risos): durante o processo de cura, eu descobri que tenho uma mutação genética hereditária e essa mutação traz consigo uma chance maior de desenvolver câncer em alguns órgãos mais específicos como as mamas. Por isso, findado o tratamento, eu optei por fazer uma mastectomia bilateral com reconstrução imediata de forma preventiva, e agora, no momento que escrevo esse relato, me preparo para retirada dos ovários também. Como sempre falo: não, não é fácil.

Foram 16 cirurgias até aqui. Tem dor física e tem muitas, muitas dores emocionais. Tem abandono. Tem choro. Tem questionamentos. Mas eu não sou meu pior e nem meu melhor momento. Eu não sou a doença. É muito fácil ser feliz nos momentos bons. Mas ser feliz também nos momentos ruins é sobrenatural. Quando a morte se aproxima, a vida grita. E eu encontrei felicidade, mesmo em meio às dores. Porque ela não vem das circunstâncias, vem dos céus, vem do amor de Deus que sempre esteve comigo, cuidando de mim nos detalhes e o fruto da confiança é o descanso...

Eu amo a vida. Amo viver. Mas não temo a morte. Meu medo é não cumprir o propósito de Deus para minha vida ou viver uma vida vazia que não faça diferença na dos outros... Além do mais, o câncer nunca vence. Ou ele morre antes ou morre com a pessoa. E como diria uma preciosa amiga "oncofriend": eu posso até morrer, mas vou morrer vivendo.

Finalizo com gratidão:

A Deus, pelo dom da vida, pelo seu amor e fidelidade sem fim...

Aos meus pais e ao meu filho por serem a razão dos meus dias.

Ao Márcio, meu amigo e pai do meu filho, pelo apoio incondicional.

A minha irmã de alma Aline, que esteve comigo o tempo todo.

Aos meus amigos e familiares que foram minha força quando eu precisei.

Aos meus médicos e à toda equipe do Oncocentro que foram fundamentais para minha vitória...

Eu amo vocês!

"Aquilo que parecia impossível, aquilo que parecia não ter saída, aquilo que parecia ser minha morte, mas Jesus mudou minha sorte, sou um milagre, estou aqui..."(Trecho da canção Sou um Milagre).

"Sejam fortes e corajosos. Não tenham medo nem fiquem apavorados, pois o Senhor, o seu Deus, vai com vocês; nunca os deixará, nunca os abandonará." (Deuteronômio 31:6).

Obrigada, Deus!

#prossiga

"

O fruto da confiança é o descanso.

Flávia Canhestro

Josiane Araújo

Sou Josiane Araújo, natural de Araguatins/TO, mas fui criada no interior do sul do Pará. Hoje resido em Porto Alegre/RS com minha amada família: meu esposo Weberson Daniel e nossos filhos Maria Eduarda e Enzo Daniel.

Sou *Master Coach* Integral Sistêmico, mentora, escritora, teóloga, palestrante e terapeuta sistêmica. Atuo no desenvolvimento pessoal há mais de três anos ensinando mulheres a serem leves, sábias e equilibradas.

Também sou professora formada em Letras pela Universidade Católica de Goiás. Atuei como professora por 15 anos, abri mão de dois concursos públicos para conduzir mulheres em uma jornada de autoconhecimento e na restauração de seus relacionamentos.

Minha missão é ensinar mulheres acionarem o que o Pai já colocou nelas: sua essência de leveza, equilíbrio e sabedoria.

+55 (51) 99287-5693

*joaraujosantos_*

eujosianearaujocoach@gmail.com

16 A GUERREIRA QUE HABITAVA EM MIM

Por Josiane Araújo

Passei parte da minha vida acreditando que estava fazendo a coisa certa e que todo sucesso profissional que conquistei ao longo dos anos me faria feliz e traria a felicidade que minha família precisava. Porém, mais tarde descobri que estava totalmente errada.

Aquela vida que construí foi ficando pesada para sustentar e foi revelando uma Josiane que não me orgulho de falar. No entanto, sei que preciso contar a história dela para que outras mulheres possam ter a chance de serem livres como sou hoje.

Então, caso as circunstâncias da vida te fizeram acreditar que você está sozinha, que você precisa pagar um alto preço para provar seu valor, que tudo é difícil para você, que felicidade é algo muito pesado e impossível de se viver... Se você acredita que ser delicada, feminina e doce é sinônimo de fraqueza... Se as pessoas costumam te chamar de guerreira, lutadora e batalhadora, essas páginas são para você.

Como a guerreira se revelou?

Casada, com uma filha pequena, vivendo uma vida de altos e baixos financeiros e uma coleção de contratos temporários instáveis, ora era contratada ora era demitida, resolvi que lutaria sozinha por mim e pela minha família.

Em 2012, jurei a mim mesma que passaria em vários concursos públicos e que conquistaria a segurança e a estabilidade que traria paz e felicidade para mim e minha família. Mergulhei em uma maratona de estudos, foram mais de dois anos estudando e desenvolvendo meu conhecimento e habilidades para conquistar o que queria.

2016 foi o ano que alcancei meu objetivo, concursada em duas esferas, municipal e estadual, ganhando bem, uma vida aparentemente segura e estável. Enfim, a montanha que me propus a escalar eu havia conseguido. Quando cheguei ao topo daquela montanha, olhei ao meu redor na esperança de contemplar paz e felicidade, tanto minha como da minha família, mas o que me deparei foi com o seguinte cenário: meus filhos estavam irritados, aborrecidos e infelizes. Meu pequeno, naquela época com apenas 5 anos, sofria de transtorno de ansiedade e vivia com crises de pânico incontroláveis. Minha filha, já entrando na adolescência, ficou tímida, retraída e tinha muito medo de falar o que pensava para mim. Eu havia perdido totalmente o acesso ao mundo dos meus filhos, descobrir isso foi a maior dor que eu já senti até hoje.

Eu não os conhecia mais, tornei-me apenas a chefe que provia. Esta era a minha única preocupação e ocupação, não tinha tempo, nem paciência e nem energia, uma vida desgastante que foi me transformando em uma Josiane diferente do que eu realmente sou. E como consequência da minha falta de tempo, paciência e sabedoria, filhos distantes e emocionalmente doentes. O meu esposo cansado, frustrado e infeliz. Nosso relacionamento foi sustentado pela paciência e perseverança dele e pelo grande amor que ele tem por mim.

O mais interessante é que quem olhava de fora, enxergava a família perfeita. *Está tudo dando certo para eles: ela é uma excelente profissional, bem-sucedida, concursada, ganha bem, filhos lindos, inteligentes e saudáveis, um esposo que a trata bem, que ama e apoia-a. Não tinha como não ser feliz!* O que poucos sabiam é que naquela vida que construí, eu estava cansada, irritada, arrogante, sobrecarregada e infeliz. E não era somente eu que estava daquela forma, a minha família também. E foi em um dia de desespero e reflexão que eu me fiz a seguinte pergunta: "O que eu fiz de errado?".

Na minha cabeça, eu não havia feito nada de errado, o problema estava nos meus filhos, no meu esposo, nas pessoas que não me ajudavam não me compreendiam, no sistema, no governo, na vida. Afinal, eu trabalhava como uma louca, era tudo eu, sempre eu. Este era o discurso da guerreira. Ela aprendeu na infância que precisava fazer para ser reconhecida, aceita e amada. Cresceu orgulhosa de dar conta de fazer tudo sozinha e de não precisar dos outros.

Esta era a crença que sustentava meu sucesso, mas também foi a que me distanciou de quem eu realmente sou. E na busca insana por fazer e fazer, esqueci-me do que é mais importante para qualquer ser humano: SER!

Esqueci-me de ser eu mesma, esqueci-me de ser a mãe que meus filhos precisavam, a esposa que meu marido merecia. Eu me perdi de mim mesma. Naquela época, eu nem sabia quem realmente era de verdade e resolvi apenas construir uma Josiane que as pessoas elogiassem e admirassem.

Quero que você saiba que não sou contra as mulheres trabalharem e construírem uma carreira de sucesso. Não há problema nenhum em ter sucesso profissional, mas há quando você anula quem você é para sustentar a profissional que se tornou.

A guerreira dá conta de fazer tudo o que se propõe a fazer e bem-feito, com qualidade e eficiência. Ela se sente bem fazendo e recebendo o reconhecimento das pessoas. Mas nem sempre o que ela está fazendo é o que realmente ela deseja fazer ou gosta de fazer. Muitas delas estão em trabalhos e empregos que não gostam, mas por acreditarem que traz segurança e estabilidade se sacrificam para dar a vida que ela acredita que sua família deseja. E um detalhe, elas anulam o marido. Olham para eles como se não fossem capazes, não se sentem seguras, não confiam neles como provedores. Não acreditam que eles serão capazes de cuidar e protegê-las.

Aceitar isso, ter consciência disso tudo, foi o primeiro passo que dei para vencer tudo que se passava naquela época. A guerreira é aquela menina que esperava o pai protegê-la, esperava a demonstração de carinho, afeto e validação dele. Ela esperou que o pai lhe dissesse que ela era importante para ele, mas ela não recebeu isto, então agora, na fase adulta, ela faz tudo sozinha para provar seu valor ou para receber o reconhecimento dos outros. Os elogios e admiração das outras pessoas alimentam a falta de validação e admiração que faltou do pai para ela. É a menina que deseja ser aceita e admirada pelo pai. Esta falta fez a guerreira nascer sufocando quem eu sou de verdade.

Por trás daquela guerreira, "forte", independente, imparável, imponente, invencível, que fazia tudo e cuidava de tudo havia uma mulher feminina, frágil, sensível, doce, delicada, paciente que precisava e gostava de ser cuidada e protegida.

Mas foi preciso olhar fundo nos olhos da alma daquela guerreira e encontrar a menina que eu tinha esquecido, mas que estava lá ferida, machucada, sozinha. Entender as nossas dores é o caminho que nos leva à cura. Quando tive consciência do que me fazia agir como eu agia, tive a oportunidade de escolher fazer e viver diferente.

O autoconhecimento foi o que me levou a aprender a me enxergar como eu sou de verdade, olhando primeiro para aquela Josiane que eu era e fui ao longo dos anos e me descobrindo de verdade sem medo e sem culpa de enfrentar o meu lado mais escuro e sombrio. E foi exatamente isso que fiz: investir em mim mesma, em conhecimento que me levou a me conhecer melhor, e assim, comecei a ser a Josiane que o "EU SOU" desejava que eu fosse, a Josiane que Ele criou.

No entanto, para vencer todas as barreiras que me impedia de ser quem eu era de verdade, tive que passar por um processo de autoconhecimento, de cura da minha alma e de desenvolvimento emocional e espiritual.

O primeiro passo foi buscar alguém especializado para me conduzir naquele processo de desenvolvimento pessoal. E a partir daquele momento, fui aprendendo a me aceitar, enxergar a Josiane como ela era, passei agir não como vítima sofredora, mas como vitoriosa que sou. Descobri que não precisava mais lutar para mostrar que sou preciosa, para ser aceita e amada, eu já era. E você também é, você pode até duvidar disso, mas você carrega na sua alma DNA de vencedora, de preciosa, de valiosa. Eu posso te provar!

Um dos momentos mais marcantes do meu processo foi o dia em que acionei a coragem que há dentro de mim e reuni meus filhos na sala e meu esposo e me direcionei a cada um deles e fui relatando em voz alta tudo que eu havia feito ou deixado de fazer que tivesse magoado eles. Fui admitindo cada falha minha e tive a oportunidade de pedir perdão a eles. Foi um momento transformador para mim e para minha família. Aprender a se perdoar também é algo que você necessita praticar. Não adianta receber o perdão dos outros e continuar se culpando. Então se perdoe e seja livre de toda culpa.

O desenvolvimento da minha espiritualidade foi outro passo importante na minha jornada, entender que você faz parte de algo maior, que você não está sozinha é libertador. Nós não estamos aqui por um acaso da vida, nós fazemos parte de um grande projeto e suas habilidades e características são exatamente como são por um porquê maior, por uma missão maior. É disso que origina o seu valor e não da sua capacidade de fazer ou deixar de fazer.

Então, a sua família, seu esposo, seus filhos, seus pais e todas as pessoas que estão em sua vida fazem parte de um processo que te levará a viver a sua verdadeira identidade. O nosso lar é nosso maior ministério, ele nos capacita para nosso propósito de vida.

Nós, mulheres, temos um grande valor e uma grande missão espiritual aqui na terra. Costumo dizer para minhas alunas que a mulher é luz, bússola, termômetro em seu lar. A mulher curada ela tem a capacidade para trazer beleza, clareza, apoio, direcionamento, coragem para seu esposo e seus filhos e principalmente, quando a mulher é equilibrada, é capaz de transmitir, de vibrar paz e tranquilidade em seu lar.

Quero te fazer um convite, mas antes quero deixar um versículo bíblico que expressa toda transformação que vivi e que você também merece viver. *"A terra era sem forma e vazia; e havia trevas sobre a face do abismo, mas o Espírito Santo de Deus pairava sobre a face das águas"*. Genesis 1:2.

Esta é a verdadeira natureza e essência da mulher. A capacidade de ser leve e descansar em meio às dificuldades da vida. Quero te ensinar a ouvir e a confiar no direcionamento de "*Ruah*" – Espírito de Deus - através dos meus atendimentos. Espero você na comunidade @soupreciosaoficial.

"

Não há problema nenhum em ter sucesso profissional, mas há quando você anula quem você é para sustentar a profissional que se tornou.

Josiane Araújo

Kelly Tondo

Sou Kelly Tondo, natural de Medianeira/PR, filha de Adair e Mara Wegher, resido em Abelardo Luz/SC, com meu marido João Tondo, com quem sou casada há 19 anos, e meus filhos João Vitor e Davi Gabriel.

Sou mentora, escritora, especialista em mudança comportamental, radiestesista, mentora de vivencias sistêmicas com Constelação Familiar, facilitadora da Chama Violeta, psicanalista clínica, criadora dos grupos de atendimentos Permitindo-se Prosperar, que abrange todas as áreas da prosperidade, tanto pessoal quanto para empresas.

Acumulei mais de 6 mil horas de atendimentos individuais e em grupo, guiando centenas de pessoas para entendimento do seu papel rumo ao propósito de vida.

Sou muito feliz hoje, realizada. Mas não foi sempre assim. Precisei superar grandes desafios, dor, doenças, falência, para provar para mim mesma que é possível mudar a própria vida e construir uma nova realidade.

+55 (49) 99910-9869
kelly.tondo
kely.tondo@gmail.com
Kelly Tondo

17 DA DOR PARA O APRENDIZADO

Por Kelly Tondo

Eu nasci de 7 meses e hoje, sabendo que nada é por acaso, já começa aí a minha pressa por viver. Com poucas chances de vida, há 40 anos, em uma cidade pequena e sem recursos financeiros, havia duas chances: ou eu ficava com algumas restrições ou poderia não conseguir viver. Mas a fé de minha mãe sempre foi maior e com muita saúde eu me desenvolvi. Muitos foram os desafios em diversas fases da minha vida, embora aos olhos das pessoas eu não tinha motivos para sentir dor ou sofrimento, era justamente isso que reinava em mim. De alguma maneira, parecia que a minha vida não fazia sentido, embora minha família fosse muito bem estruturada, meus pais viviam um relacionamento amoroso lindo, tínhamos uma condição financeira boa, mas era como se meu lugar dentro de tudo isso não existisse. Passei anos da minha vida questionando e brigando com todos, fui desenvolvendo uma autocrítica muito grande sobre mim e um excesso de perfeccionismo em que tudo funcionasse e fosse da maneira que eu achava que tinha que ser.

Essa relação comigo e com todos a minha volta foi gerando em mim muitas doenças, sobrepeso, fibromialgia, intestino preso, enxaqueca crônica, insônia, hérnia de disco, audição aguçada, depressão; eu tomava 8 remédios diários, tinha psicólogos e psiquiatras para me auxiliar no alívio de toda frustração que eu sentia em minha vida. Uma depressão profunda se instaurou em mim.

Lembro-me até hoje de como era estar o tempo inteiro vivendo num drama sem fim, as dores nunca cessavam, o desconforto de acordar todos os dias com dor e tristeza nunca acabava, ter que convencer as pessoas de que essa dor era real, era exaustivo.

Neste cenário passei minha adolescência e juventude e aos 21 anos me casei, foram crises intensas de ciúmes, descontrole emocional e dependência. Perdemos nosso primeiro filho por um aborto espontâneo. Seis anos depois, nosso segundo filho veio e com a chegada dele, aí sim minha vida desabou, demonstrava muita força e preparada para tudo, mas a realidade era que ter que cuidar de um bebê que chorava dia e noite, sem parar, foi o auge da depressão.

Desenvolvi uma espécie de urticária em meu corpo todo, que me impediu de trabalhar e tive que ser internada. Com um bebê de 3 meses que só chorava, permaneci 15 dias hospitalizada em outra cidade, sozinha, sem comunicação, e me sentindo muito culpada por não ser uma mãe competente e boa para meu filho. Sem nenhum diagnóstico para a situação do meu corpo, recebi alta, pois sem diagnóstico não havia motivos para permanência hospitalar, voltei para casa. Nesta noite, eu vi a morte chegar. Uma pressão na cabeça avassaladora, eu tive certeza que toda aquela dor chegaria ao fim, pois eu ia morrer. Último olhar profundo nos olhos do meu pai, foi o que eu pensei e através dele me despeço de todos. Mas eu ia em paz, afinal de contas, a minha vida parecia uma grande enganação.

Como falei no início deste capítulo, nada é por acaso, em tudo que vivemos existe um porquê de acontecer e hoje eu sei muito bem que isso é real. Eu vivi, e naquele momento em que abri meus olhos, eu DECIDI que não podia estar certo uma pessoa que até então havia tido muitas situações de seguir viva, estar sempre com dor, triste, acima do peso e tantos outros problemas. Foi aí que decidi que a minha vida seria diferente e eu faria o que estivesse em meu alcance para me tornar saudável e feliz.

Comecei a minha busca através das terapias alternativas, pois com 8 remédios diários estava mais do que claro para mim que não era uma questão física, que Deus queria me mostrar alguma coisa, mas eu não estava conseguindo enxergar. Pouco tempo depois, meu esposo, em transição de carreira, faliu a loja de materiais de construção que havia empreendido e para poder pagar as dívidas, a opção foi vender a casa, o carro e ainda pedir dinheiro emprestado, para honrar todas as contas.

De alguma forma, parecia que ser feliz não era uma opção pra mim. Pois cada vez que eu estava tentando encontrar felicidade, ter uma vida melhor, as coisas ruins aconteciam. Com toda crise financeira e eu tentando sair da depressão, meu casamento começou a entrar em ruínas. Uma nuvem sombria, era isso que parecia. Brigas, discussões e uma convivência de duas pessoas que estavam ali no mesmo lugar simplesmente porque tinham filhos para criar e era mais fácil não ter duas casas para sustentar.

Neste momento da minha vida, eu me perguntava o que Deus queria de mim, por que eu havia mudado tantas coisas "na minha cabeça" e nada parecia se endireitar na minha vida. O amor da minha vida, o homem que eu escolhi para viver, era completamente diferente do que eu havia conhecido, não era mais o mesmo.

Em meio ao caos, um livro apareceu em minha vida, chamado "Razão de Viver" e este livro iria mudar o rumo da minha história. Através dele, conheci os mestres ascencionados da Grande Fraternidade Branca, e fui compreendendo que tudo que eu vivia estava em minha mente, e que a cada passo que eu trabalhava minha espiritualidade, mais perto das respostas que eu sempre procurei eu chegaria.

Eu ACEITEI esse período caótico em minha vida, parei de questionar e brigar com as coisas, passei a fazer orações com entoação de decretos todas as manhãs antes das 6h, fui desenvolvendo uma fé que nem sabia como surgia e uma coragem para enfrentar tudo que aparecia, sem deixar nada me abalar. Fui estudando cada vez mais, investindo em terapias alternativas e tentando incorporar em minha vida tudo que eu aprendia.

Precisava eliminar o ciclo vicioso sem fim de atrair para mim momentos infortúnios. As buscas por saber mais de mim começaram a tomar uma grandiosidade muito grande, eu fazia as minhas obrigações no trabalho, decretava toda as manhãs, pensava positivamente e ainda não era feliz, ainda atraia muitas dificuldades e inconstâncias para minha vida.

Foi em um dia de oração que eu ouvi como se Deus falasse comigo: "O problema está só em você". Eu fiquei com muita raiva naquele instante, porque era um absurdo aquilo! Não, o problema não tinha como ser eu! É estranho e incompreensível aos olhos de quem está com dores na vida, admitir que tudo que está vivendo não é culpa do mundo ou das outras pessoas, e sim da forma como lida com a vida e as situações. Embora aparentasse uma vida tranquila e muito boa, eu sentia no meu íntimo como se a todo momento eu fosse rasgada por dentro. Mais algumas vezes aquela voz ficou martelando na minha cabeça e eu decidi ouvi-la e compreender por que o "o problema era eu". A partir deste momento, eu comecei a mudar em mim o que eu não gostava nas outras pessoas.

Iniciei a minha mudança com algo muito simples e que qualquer pessoa pode fazer, parei de me queixar para as pessoas, não reclamava mais, não esperava mais que meu marido fizesse para eu fazer, parei de querer tudo do meu jeito, tudo que era possível mudar sozinha, eu fiz. Palavras, pensamentos, sentimentos e ações, eu imaginava e falava para mim mesma antes de agir: eu gostaria que fizessem isso comigo? Eu gostaria de ouvir as palavras que eu vou dizer? E tudo foi se acalmando dentro de mim e fui me tornando grata, fui ficando saudável, meu corpo já não tinha mais dores, consegui me posicionar diante das situações mais inesperadas e desafiadoras.

Meu casamento mudou, meu marido mudou, o dinheiro começou a aparecer novamente. Tomei coragem e iniciei a profissão que eu queria e transferi, através dos atendimentos terapêuticos, tudo que mudei em mim e hoje meu servir está concentrado em transformar as vidas saindo da dor para o aprendizado, unindo espírito, corpo e mente, na integração do ser humano.

Não há como trilhar um caminho de felicidade e prosperidade sem antes se tornar o que você deseja do mundo. Isso é uma grande ilusão, como a dor é uma grande ilusão, um apego do Ego que quer tudo do seu jeito e para si mesmo. A necessidade de estarmos certos e sermos amados é a grande destruição das pessoas. Só foi possível conquistar a vida que hoje eu tenho depois de admitir quais eram os meus erros e porque continuava fazendo errado, e isso aconteceu muitas vezes, assumi as culpas, arrependimentos, e parcelas por aquilo que não estava dando certo para mim.

O ser humano hoje está viciado em culpar os outros por aquilo que não conquista. Viciado em ter dores e tomar remédios para poder compensar a falta de atitude e posicionamento, a falta de assumir que tudo que está recebendo da vida é o que entrega para ela. E esta é a grande chave que virei na minha vida, receber tudo exatamente e potencializado daquilo que EU entregava para o mundo.

Entregar para receber, amar para ser amado, ser para ter, todos ouvem isso o tempo inteiro, a milênios isso é falado e ouvido. Mas o que diferencia a pessoa que consegue encontrar a prosperidade e a felicidade na sua forma mais ampla e plena, é o que decide fazer com esses ensinamentos. Enquanto a vida continuar sendo um ensinamento armazenado na mente, nada será diferente.

Eu decidi me tornar o que eu queria do mundo, e hoje estou realizada, transbordando tudo que aprendi, pois esta é a única forma de seguirmos dando valor a tudo que nos foi dado através da vida e das experiências com ela adquiridas.

Tive muita dor, aqui não relato nem 10% de toda a dor que vivenciei. E estar consciente de que toda dor e sofrimento são apenas estágios de crescimento e aprendizado é o que falta para o ser humano se libertar da ilusão. Hoje, agradeço a cada segundo de dor que vivenciei, pois sem elas não teria aprendido o que considero o maior ensinamento que Deus nos deixou: ser grata a tudo que se apresentar na vida, tornar-se e entregar ao mundo o que deseja receber e com isso conquistar a maior riqueza que se existe: a Paz.

Hoje, meu relacionamento é muito mais do que eu esperava, minha vida profissional cresce a cada dia, nossa conta bancária só aumenta, nossos filhos crescem em saúde, e eu... eu não caibo em mim de tantas bençãos diárias.

"

Enquanto a vida continuar sendo um ensinamento armazenado na mente, nada será diferente!

Kelly Tondo

Leili Oliveira

Sou Leili Oliveira, natural de Minaçu/GO, resido em Goiânia/GO com a minha família abençoada: meu marido Antonio Marcos, com quem sou casada há 18 anos, e meus filhos Victor Samuel - o discreto, Arthur Filipe - o marrentinho, e a princesa criativa Anna Beatriz.

Líder voluntária em igrejas desde a minha adolescência, especialista em Posicionamento e Imagem Pessoal e Profissional, palestrante e comunicadora nata. Já ajudei centenas de pessoas a se comunicarem de forma coerente e com técnicas para vencer o medo de falar em público.

Estudante de Jornalismo e apreciadora incansável da mente e comportamento humano, cristã, levo Jesus através da minha vida. Além do maior ministério confiado a mim que é ser mãe e esposa.

Mas na vida nada é fácil, e para estar aqui te contando tudo isso, vivi um processo árduo.

+55 (62) 98466-7839
leilioliveiras
leili.silva1@gmail.com

18 ALÉM DOS LIMITES: UMA VIDA DE SUPERAÇÃO

Por Leili Oliveira

Em 19 de Setembro de 1984, às 00h30, iniciava a história de uma menina de 4,450 kg e mais de 50 cm. Depois de uma gestação difícil e várias intercorrências no caminho, nascia alguém que precisava ser muito forte para vencer os desafios que a vida iria propor a partir dali.

Uma menina bonita que nasceu lá no interior do "Goiás maravilhoso", nem sonhava que sua vida exigiria resiliência extrema, esta menina sou eu (risos). Meus pais muito simples, minhas primeiras lembranças são de uma infância regada a trabalho deles e mudança de endereço de uma fazenda a outra.

Eu me lembro de situações bem difíceis que meus pais nem sonhavam, como por exemplo, violência sexual. Conto tudo isso sem nenhuma dificuldade, pois não sei como, mas eu ressignifiquei tudo. Tenho cicatrizes indolores e outras que se o sangue esfriar, elas tentam me incomodar.

Caro leitor, daremos um salto agora e vamos para os meus 7 anos (quem sabe volto para falar desse período que estamos guardando?). Mais ou menos nessa idade, meu pai me alfabetizou e eu já sabia ler e escrever - ainda morando na roça. Me lembro exatamente da técnica que ele usava para me ensinar a ler. Furava um papel, cobria todas as demais letras e eu teria que identificar qual letra estava no círculo. Me ensinou o famoso B – A – BA (risos).

Eu comecei a ler, ler a Bíblia e já aos 8 anos mais ou menos já usava as palavras na igreja. Sempre fui apaixonada por conhecimento. Chegou a hora de estudar, mas sem chance de ir para a cidade. Sem transporte e sem escola próximos à terra do meu tio - lugar que estávamos morando - lá era bem pertinho do fim do mundo. Foi aí que decidimos que eu moraria com familiares na cidade para estudar. E assim foi feito, morei com familiares do meu pai. Um tempo numa prima, outra prima, e outra prima.

Morei com minha vozinha, Dona Rocha, a melhor avó do mundo, não tive avós paternos, já eram falecidos quando nasci. Ela fez muito por mim desde bebê e nesse momento está com perda de memória. Quantas boas lembranças eu tenho de você, vozinha! Nesse momento, me emociono, pois a senhora é muito importante na minha vida, uma pena a gente crescer e se afastar dos avós, mas é bíblico crescer e formar sua própria família.

Tudo isso que eu enfrentava era para poder estudar, eu sempre sonhei alto. Sempre quis ser a famosa e bem-sucedida da família, por esses sonhos eu lutava com afinco por meus objetivos. E assim fui crescendo, longe dos meus pais e meu irmão. Meus pais mudavam muito, às vezes iam morar na cidade e nesses períodos eu vivia com eles, é claro. Até que aos 13 anos, quase 14, novamente meus pais voltaram morar em fazendas.

Foi aí que optamos por morar sozinha com meu irmão de 12 anos na cidade. Uma tia cedeu sua casa e lá ficamos um tempo. Tenho muitas lembranças dessa época, a comida que eu fazia, o cuidado com a casa, a responsabilidade em ser líder na igreja, estudando e sonhando. Nunca deixei de sonhar e batalhar para realizar, e eu dizia: "Serei conhecida no Brasil inteiro, é preciso ter um nome, uma marca pessoal". Que alegria recordar os sonhos daquela criança!

Conforme eu crescia, as responsabilidades aumentavam. Me lembro que me envolvia muito com o voluntariado na igreja, cozinhava e vendia na igreja para granjear fundos para serviços da igreja. Com isso, precisava da ajuda de terceiros, e então as mulheres casadas me ajudavam muito, aliás, eu sozinha não faria absolutamente nada.

Com o passar dos tempos, veio aquela paixãozinha de adolescente, aqueles sentimentos que você também os conhece bem. Eu sempre fui uma menina bonita, comunicativa e bem seletiva com amizades. Pensa numa pessoa ingênua. Pensou? Multiplique por várias vezes. Multiplicou? Era eu.

Infelizmente, como diria meu pai: "Prego que se destaca, leva martelada". E assim começou a acontecer, começaram a ser muito maldosos comigo. Sabe aquelas irmãs que me ajudavam a cozinhar na igreja? Pois bem, começaram a criar histórias, fofocas e tudo que você conseguir imaginar.

Minha vida nunca foi fácil, mas sempre vi como um desafio a ser enfrentado e então eu enfrentava. Mas quando veio essa parte da calúnia, da mentira...ah, meu caro leitor! Isso começou a desmoronar em cima de mim, eu era uma menina sem maldade e não sabia e nem conseguia me defender sozinha. Me lembro que por diversas vezes, alguém chegava para mim e dizia: "Olha, estão falando que você está namorando fulano". Me acusaram de ter um caso com o pastor local quanta maldade! Para isso, se juntaram várias mulheres - não citarei nomes, claro - junto com a esposa do pastor e planejaram uma armadilha: compraram uma calça, escreveram uma carta em meu nome e entregaram a ele, para ver qual seria a sua reação.

Nesse momento, minha garganta trava lembrando dessas atrocidades. E eu sequer imaginava o que estava acontecendo. O pastor tinha mesmo muito cuidado comigo. Minha família era muito simples em todos os sentidos. Mas se ele tinha alguma má intenção, estava com ele e eu não fazia ideia. Não entrarei nesses detalhes em respeito à sua memória, já descansou.

Sobre essas armações, ele mesmo me contou. Mas até os meus 18 anos, eu nem imaginava a seriedade de tudo isso. Estou falando de 14, 15 anos de uma menina da roça. Mas enfim, fui passando por todas estas frustrações e sem conseguir cuidar da minha reputação em uma cidade com menos de 3 mil habitantes. Sabe o que mais me doía? Era saber que os familiares e os "irmãos" da igreja eram quem faziam essas fofocas. Ou seja, quem deveria proteger em regra.

E como se não bastasse, nessa época meu irmão já tinha o diagnóstico de bipolaridade maníaca. Aos 12 anos, ele teve a primeira crise e sua situação só piorava. E novamente estava eu sozinha ou na casa de algum familiar ou amigos da família. Afinal, meu irmão precisava de cuidados e, claro, numa cidade tão pacata não existia tratamento adequado. Já perdi as contas de quantas vezes tive que sair correndo para procurar meu irmão desaparecido, ou socorrer ele e terceiros de suas violentas crises.

Meus pais precisavam estar com frequência em Goiânia para cuidar do meu irmão. Me lembro de diversas vezes ter ficado estudando e trabalhando nos serviços da minha mãe para manter as despesas e para ela não perder. Estou falando de uma menina de 15 para 16 anos, lavando e passando para cuidar da família.

Eu sou muito grata aos meus pais por confiarem tanto em mim. Por me fazerem essa mulher forte e resiliente que sou hoje. Meu pai foi a melhor pessoa para mim, o que mais confiava, acreditava. Me alfabetizou e sempre me abençoou com palavras. Minha mãe é a mulher mais forte que conheço. Apesar disso, cresci em meio a muita confusão domiciliar. Meus pais não se davam muito bem. Muitas brigas, violência doméstica. Excelentes pessoas, mas como casal não eram minhas referências.

Fui crescendo, trabalhando e estudando muito. Logo comecei a perceber que algo não estava normal em mim. Baixa autoestima, insegurança, tristeza sem um motivo aparente. Mas não tinha ideia do que se passava comigo, falarei sobre isso mais adiante.

Olha, aprendi com o querido pastor e escritor Tiago Brunet que pessoas ferem, mas pessoas curam também. Nessa trajetória, tive pessoas muito más. Porém, tive também pessoas que me deram direção, me ajudaram muito, como as professoras Marlúcia e Hosana. Elas não têm noção do bem que me fizeram, do quão positiva foi a passagem de vocês pela minha vida; eu agradeço vocês de todo meu coração.

Ainda sobre pessoas que curam, não posso esquecer de mencionar aqui minha tia Cristina, eu tenho muita admiração por essa mulher. Eu até dizia quando criança/adolescente: serei como minha tia, serei independente financeiramente, vou morar sozinha e Deus me livre me casar (mas casei, amigos).

Conforme ia crescendo, começava a evoluir profissionalmente também. Aos 16 anos, parei de trabalhar em casas de família e comecei como atendente em uma padaria e me descobri. Percebi ali minha paixão por atendimento, por pessoas. E aliviada, vejo que as pessoas me decepcionaram, mas eu aprendi a amar e cuidar de pessoas, faço com muito amor e dedicação.

Aos 18 anos, meus pais estavam em Brasília cuidando da saúde do meu irmão. Deixei meu trabalho lá no interior para ir para meus pais, pois a igreja dizia que uma jovem deveria ser excluída de suas funções e da igreja, caso fosse morar sozinha. Mas hoje agradeço por terem me tirado da minha zona de conforto.

Por fim, vim parar em Goiânia, sozinha novamente. Aqui comecei a viver e me inserir na capital. Tantos sonhos e uma realidade muito distante. Outra vez, aqui vivi sérias acusações, mas venci, virei a página. Eu nunca entendi, mas estava sendo moldada para o futuro. Em Goiânia, logo comecei a liderar novamente na igreja, pois um líder não abandona seu legado. Me casei, formei minha família e é por eles que eu não paro. Eu decidi que enquanto vida eu tiver não permitirei que façam com eles o que fizeram comigo. Não admito pré-julgamentos. Defendo que eu e você temos o dever de proteger, ouvir e direcionar a criança, o jovem e o adolescente. Reclamam tanto dessa geração, mas quem está os formando?

Diante de toda essa situação, eu desenvolvi TAG (Transtorno de Ansiedade Generalizada) e transtorno de pânico. Através de oração, estudos e autoconhecimento eu lido bem com essas situações emocionais. Fiz desse desafio uma ferramenta poderosa para transformar vidas. Afinal, do que adiantaria viver tudo isso se não puder contribuir com alguém através da minha experiência?

Já quero te alertar que se você precisa de ajuda, busque-a. Você é espírito, alma e corpo e precisa se cuidar.

Hoje, faço Jornalismo, moramos numa casa que há dois anos era impossível aos meus olhos, tenho uma família saudável e dedicada. Te afirmo que Deus não te daria um sonho para não o realizar. Por diversas vezes eu tive medo, me senti só. Mas, não parei. Não tem um dia sequer que eu não faça algo que me aproxime dos meus objetivos. E posso te garantir que "a plenitude da conquista prevalece sobre a rigidez do caminho percorrido."

"

A plenitude da conquista prevalece sobre a rigidez do caminho percorrido.

Leili Oliveira

Lorena Neves

Me chamo Lorena Neves, sou natural de Salvador/BA. Formada em Administração pela Faculdade Ruy Barbosa, ex-bancária, enxerguei nessa profissão o meu futuro, e busquei alinhar a minha formação acadêmica com a paixão por vendas e conexão entre as pessoas.

O reconhecimento neste campo se tornou minha fonte de valor e me levou ao esgotamento mental e a uma batalha pessoal contra a depressão, em 2021.

Formei-me como coach e analista comportamental pela Febracis/BA, não apenas como uma evolução profissional, mas como um chamado. Hoje, o meu propósito é guiar quem se sente perdido, assim como um dia me senti.

Os resultados alcançados nesta jornada são a base da minha contribuição para este livro, uma obra que reflete a minha trajetória e a crença no poder transformador das conexões humanas.

Vamos construir pontes juntos?

loreeneves

digital.lorenaneves@gmail.com

19

QUEM SOU EU?

Por Lorena Neves

"Quem sou eu?" ... Você já se fez essa pergunta?

Desde muito pequena, alguns questionamentos rondavam a minha mente. Na verdade, um vazio habitava dentro de mim e dificilmente eu conseguia encontrar palavras que o descrevessem.

Já adulta, em diversos momentos da minha vida eu não encontrava sentido na minha existência, a sensação de vazio e de falta eram constantes. Meus pensamentos vagavam em perguntas do tipo: "Qual o sentido da vida? O que eu estou fazendo aqui? Qual meu propósito nesse mundo?".

Você já sentiu esse vazio? Uma inquietude que não cessa? Era real aquela ausência e ela se fazia presente mesmo quando tudo aparentemente ia bem. O reconhecimento profissional se tornou minha fonte de valor e me levou a um caminho de esgotamento mental, culminando em uma batalha pessoal contra a depressão, em 2021. A ausência de uma base emocional sólida manifestou uma dor interior e busca por respostas.

Neste capítulo, compartilho como a superação da depressão se entrelaça com a minha jornada profissional e espiritual, e abro meu coração sobre a reconexão com Deus.

Começo por aqui: em meados de 2021, tudo ao meu redor perdeu o sentido. Pensamentos disfuncionais e destrutivos invadiram a minha mente e por pouco eu não me entreguei ao fim. A depressão foi o gatilho para o início de uma busca por sentido. Estava perdida, não entendia o porquê de não avançar em algumas áreas da minha vida. De alguma forma, eu sempre me afastava do que queria e tornava distante a concretização dos sonhos que desejava para mim.

Estar perdido traz uma sensação estranha. Eu não me reconhecia, não sabia ao certo quem eu era, nem o que queria da vida, e muito menos o que me motivava a caminhar. Naquele momento, fui tomada por uma apatia profunda, vozes na minha cabeça diziam: "Ninguém gosta de você, você não é boa o suficiente, você não tem valor, você nunca vai dar certo", as vozes eram reais e constantes.

Eu tinha sido desligada do trabalho a pouco tempo, estava abalada emocionalmente. Naquele momento, não sabia lidar com aquelas vozes, nem como combatê-las. A minha profissão e o trabalho eram o meu mundo particular, eu gostava do que fazia, me sentia importante, era reconhecida por isso, e quando perdi aquela posição precisei olhar para mim mesma e buscar um novo caminho, mas a verdade é que não sabia para onde ir. A ajuda profissional e medicação foram fundamentais para sair daquela zona cinzenta.

Durante o processo, mesmo validando minha capacidade de superação e de seguir em frente, eu ainda sentia que faltava algo, faltava um significado para a minha vida, ainda não tinha encontrado sentido para aquelas perguntas: "Qual o sentido da vida? O que eu estou fazendo aqui? Qual meu propósito nesse mundo?".

O foco no trabalho e na carreira alimentavam a minha crença de capacidade, e isso era a distração perfeita para não olhar para o vazio que exista dentro de mim, mas, ao ser desligada do trabalho, fui confrontada por ele novamente.

Sem saber ao certo quais os próximos passos, segui em busca de respostas. Passado um tempo, a jornada me revelou o quão baixo era o meu nível de consciência sobre mim mesma e o que acontecia na minha própria vida, e pude compreender afinal qual a origem dos questionamentos que eu tinha.

Muitas mudanças aconteceram na minha vida desde então, e a mais importante de todas foi o meu reencontro com Jesus, que me permitiu um entendimento acerca da condição que eu vivia e que a terapia apenas não revelava. No caminhar dessa jornada natural e espiritual, pude compreender que eu carregava uma dor: a dor de não me sentir amada, e isso estava enraizado em minhas memórias mais profundas. Minhas experiências com meus pais, ainda quando criança, não fizeram com que eu me sentisse suficientemente amada, acolhida, pertencente a uma unidade. Havia uma carência emocional instalada e uma crença profunda de que eu era uma pessoa sem valor, e por não saber o meu valor ou importância, eu não sabia me posicionar diante da minha própria vida.

Busquei formas de me sentir bem comigo mesma, de me encaixar e me sentir aceita, de suprir aquele vazio da presença dos meus pais, a necessidade de pertencimento. Foquei no trabalho, em ganhar dinheiro, no *status* de uma carreira, e a frustração foi grande quando perdi tudo. Eu sentia muita raiva, não sabia me posicionar diante de adversidades, não sabia dizer não, me relacionava de qualquer forma, frequentava lugares que só aumentavam o meu vazio, abria mãos dos meus valores. De toda forma, era como se eu desse um jeito de matar os meus sonhos e a minha felicidade um pouquinho a cada dia.

Quando comecei a buscar respostas em Deus, tive o entendimento que *Deus é amor, e o amor é a chave que abre todas as portas*. Ouvi a voz de Deus, quase como uma pessoa falando ao meu ouvido: "O que falta na sua vida sou eu, filha, o seu pai". Eu não compreendia sobre quem eu era até verdadeiramente saber de quem sou filha. Eu não sabia quem eu era porque não sabia quem eu representava nesta terra.

Através da palavra de Deus, pude resgatar a minha essência e a cada dia aperfeiçoar o meu caráter. Foi através da busca pela Palavra e de pequenos passos de fé que finalmente fui me livrando das correntes que aprisionavam a minha mente através da dúvida, culpa, condenação, inferioridade e com isso, me impediam de avançar.

"Quem eu sou" não se limita ao nome completo e CPF, essa pergunta é profunda e revelou em mim uma identidade que eu não sabia que tinha, a de filha de Deus.

Como acessar a um Deus que é Pai quando não me sentia amada pelos meus próprios pais? Isso era confuso para mim. A minha ideia de valor foi destruída dentro de casa, eu cresci em meio a muitas brigas e comportamentos disfuncionais, fui muito comparada, tinha necessidades invalidadas, não contava com a abertura para um diálogo saudável, e isso refletiu de forma negativa em minha vida, nas minhas decisões, no meu trabalho, nos meus relacionamentos de uma forma geral.

Entendi na Palavra que, como criaturas de Deus, fomos feitos para sermos amados e aceitos, e basta sermos rejeitados para que nosso valor seja questionado. Foi o que aconteceu comigo durante a minha infância, não me sentir amada tornou-se a forma como olhava pra mim mesma, disfuncional. Não se sentir amada dói, porque a nossa essência é o caráter de Deus, e Deus é amor.

Ao ser decepcionada ou magoada por falas e comportamentos dos meus pais, eu tomei decisões conscientes como forma de me proteger de que nunca mais viveria aquilo de novo, mas essas falsas promessas não impediam que a dor da rejeição se manifestasse na minha vida de outras formas. Pude perceber quão orgulhosa me tornei ao construir muros ao meu redor para não viver aquela dor de novo, qualquer oportunidade que fizesse com que eu fosse confrontada com o meu valor, me gerava desconforto. O orgulho me afastava de construir relacionamentos saudáveis, inclusive com Deus, pois me afastava da posição de humildade, dependência e submissão a Deus.

Eu não tinha consciência sobre como vivia, o que havia de disfuncional em minhas emoções e comportamentos, e o resgate da minha identidade em Deus foi o que me levou a um caminho de perdão e consciência sobre o meu verdadeiro valor. Tem uma frase que saltou a minha mente outro dia: "Não tenho um Deus que é pai, tenho um Pai, e Ele é Deus". Isso é muito poderoso. Identidade tem a ver com a compreensão de que temos um PAI, e esse PAI cuida de tudo em nossa vida. Posso estar vulnerável a passar por muitas coisas, mas nada pode abalar a certeza sobre quem eu sou e em quem confio, a não ser eu mesma. Os erros e fracassos não definem quem eu sou, eu sou o que a Palavra de Deus diz que eu sou.

O conhecimento da Palavra tem o poder de despertar em nós consciência. Mas, a consciência que traz verdade, que liberta e transforma vem acompanhada da responsabilidade da ação. É um despertar seguido de uma mudança de mentalidade e de comportamento. Inicialmente, confesso que não estava preparada para as mudanças, fui muito resistente, mas a dor de viver uma vida sem significado era muito maior, e num determinado momento precisei escolher: ou seguia daquele jeito, ou me submetia em obediência à Palavra e experimentava viver algo novo em minha vida. Escolhi o novo, renunciar à autossuficiência e prazeres momentâneos e me colocar disponível para aprender a depender de Deus e me permitir ser transformada por Ele, dando lugar para que a sua essência e todo seu caráter habitasse em mim. Essa foi a maior arma para combater as vozes dentro da minha mente: descobrir quem eu sou.

Essa jornada me confrontou com feridas emocionais profundas, mas permitiu que eu tivesse um encontro verdadeiro com Deus, que descobrisse o meu verdadeiro valor e identidade. Pude testemunhar milagres, aumentar a minha fé, liberar perdão, fortalecer meus valores, ter uma visão mais clara sobre o meu futuro e sobre o que eu quero para a minha vida.

Me formei como *coach* e analista comportamental em busca de aperfeiçoar conhecimento na área de desenvolvimento humano, e com o compromisso de ajudar outras pessoas perdidas, sem rumo, assim como um dia estive.

Este livro foi o cumprimento de uma palavra de Deus para minha vida e quando descobri o título, tive a certeza que não se tratava das vitórias que alcancei até aqui, e sim sobre a decisão que tomei de vencer a mim mesma todos os dias, me permitindo ser transformada, para que através de mim outras pessoas também possam ser alcançadas, em consciência e em fé.

Acredito que a maior realização sempre será aperfeiçoarmos quem somos, a maior conquista sempre será vencer a si mesmo. A mudança gera desconforto, mas para a constante evolução é necessário passar por ela e perseverar, só assim colheremos os frutos.

Finalizo este capítulo com as seguintes perguntas: Quem é você? Será que você está vivendo à altura do seu potencial e do que Deus te criou para ser?

Grande abraço e que Deus te abençoe.

“

Identidade tem a ver com a compreensão de que temos um PAI, e esse PAI cuida de tudo em nossa vida.

Lorena Neves

Mariana Pieroni

Sou Mariana Pieroni, filha amada de Deus, esposa do Anderson, mãe da Alice, filha do João e da Fátima, irmã da Ordália; sou uma mulher determinada desde a infância e que hoje vivo a realização dos meus maiores sonhos.

Atuo como *master coach*, analista comportamental, palestrante, mentora (criadora do Método Produtividade para Artesãs) e empreendo com o meu ateliê Costurices da Lili.

Formada em Gestão Financeira pela FGV e Ohio University/EUA. Atuei no mundo corporativo por 6 anos e com a chegada da minha filha, o empreendedorismo me escolheu.

Por amá-la, decidi aprender e entender mais de pessoas. Hoje sou uma mulher com a identidade restaurada! O autoconhecimento me trouxe de volta, me potencializou a atingir grandes resultados e cumprir meu propósito de ajudar mulheres a se autoconhecerem com leveza e a alcançarem grandes resultados em todas as áreas da vida.

+55 (19) 97107-8879
marianapieroni.mp@gmail.com
www.oseucoach.com/coachmaripieroni.
marianapieronicoach
costuricesdalili

20 DE DESORGANIZADA À PRODUTIVA E REALIZADORA

Por Mariana Pieroni

Produtividade, organização e planejamento não nascem naturalmente em todas as pessoas, assim como a comunicação, persuasão, ousadia, determinação, detalhismo e análise também não; mas, todas essas competências são treináveis e podem ser desenvolvidas ao longo da nossa vida.

Para mim, falar de produtividade é o mesmo que revisitar a minha história. É como se eu estivesse sentada numa poltrona de cinema e o filme começasse a ser passado... E eu te convido a assistir essa história real de superação e muitos aprendizados. Você vem comigo?

Infância: lugar de memórias e desconstrução da nossa real identidade

Tive uma infância muito feliz e com muitos aprendizados, numa cidade do interior de São Paulo, Espírito Santo do Pinhal. Dizem que no interior o passar da vida é mais lento e que somos mais livres. Concordo com tudo isso, mas independentemente do local que você passou a sua infância, o que realmente fez a diferença foram as pessoas com quem você conviveu, o que você ouviu, viu e sentiu, pois foi a partir daí que suas crenças foram formadas.

Me recordo das brincadeiras, dos momentos de limpeza da casa... Ah, os momentos de limpeza da casa! Esses muito fortemente me marcaram, sabe por quê? Eu era muito bagunceira, desorganizada e ainda fazia as tarefas correndo para poder sair para brincar e ficar conversando. Dividia o quarto com a minha irmã, que era o oposto: totalmente organizada, quietinha, de pouca fala e poucos amigos.

Me lembro que as coisas no meu quarto eram fora de lugar, meu armário uma bagunça, mas tinha dois pontos que eram super organizados: meus materiais de escola e de música. E hoje, sendo analista comportamental, entendo o porquê disso: dentro da Teoria de Valores de Eduard Spranger, tenho o valor teórico alto, ou seja, o aprendizado, a valorização do intelectual são pontos fortíssimos para mim e com toda certeza esse também é um dos pontos responsáveis para que eu tenha a necessidade de ensinar e contribuir com o crescimento das pessoas.

Mas eu cresci acreditando nesses adjetivos (bagunceira e desorganizada) que me definiam, afinal, minha mãe quem dizia, e se ela que é minha mãe falava isso, é porque eu realmente era.

Presa no casulo

Fui moldada pelas pessoas e pelo ambiente em que eu vivia. Fui moldada a ser organizada, tranquila, quietinha, começar as coisas e terminar e, por muitas vezes, quando eu agia na minha naturalidade, eu era a que falava demais, a brava, a impaciente, a sem educação, a que não queria saber de escutar, a desobediente, a teimosa... E eu também passei a acreditar em todos esses adjetivos que se parecem muito com o meu perfil Dominante e Influente que vem da Teoria Comportamental de William Marston.

Na adolescência era muito sonhadora, queria fazer 18 anos para tirar carteira de motorista, começar a trabalhar, comprar uma moto, fazer faculdade e intercâmbio... tudo se realizou exatamente nessa sequência, com muito empenho, dedicação, economias e o apoio dos meus pais.

Ao concluir a faculdade, em 2008, fiz intercâmbio no Canadá, Toronto é minha grande paixão! Foi lá que percebi que a vida tinha muito mais a me oferecer, que eu tinha muito mais a conquistar, mas que uma coisa era necessária desenvolver com maestria: planejamento. E foi ali, durante uma aula de *business*, que fiz o planejamento de que em um ano dando aulas, eu tinha que recuperar todo o dinheiro investido no intercâmbio, caso contrário, eu iria para o mundo corporativo.

Adivinha? Segui meu planejamento e não recuperei esse investimento em um ano. Pedi demissão e fui buscar emprego em empresas na minha cidade. Fui contratada como telefonista e meses depois eu estava no setor fiscal da empresa. Algum tempinho depois, no financeiro.

Agora peço sua atenção. Telefonista: comunicação, contato com pessoas (esse é meu perfil natural) e eu estava infeliz; setor fiscal e financeiro: números, controle, planilhas, análises, atrás de um computador, praticamente sozinha (o adaptado do meu perfil) e eu estava satisfeita, porém extremamente exausta e estressada. Eu ali, presa na adaptação que fui condicionada a ser e viver. Tive muitas conquistas financeiras e inúmeros aprendizados, mas aquilo não me completava, eu me sentia vazia, como se eu não estivesse sendo útil nessa vida. Eu vivia na ansiedade pelo "sextou" e na depressão do "segundou".

A maternidade me salvou de mim

Em 2014, ao retornar do meu MBA na Ohio University/EUA, já percebia que algo novo estava para acontecer. Meus 30 anos estavam batendo à porta e então, em 2015, nos abrimos à vida e a joia mais preciosa começou a ser gerada em mim. Ela me trouxe segurança, calmaria, paciência, novos sonhos... ela, logo no primeiro mês, me mostrou que eu precisava voltar para mim mesma. Ela me parou e durante 15 dias de repouso, eu e ela, a decisão já havia sido tomada: eu não voltaria a trabalhar CLT quando ela nascesse. Mas, o que faria então? Ficaria em casa cuidando dela. Não foi bem assim... ganhei uma *necessaire* de tecido feita por uma prima e logo pensei: isso é fácil fazer! Vou comprar uma máquina de costura, fazer o enxoval da minha filha e depois vou fazer enxoval de bebê personalizado para vender. E foi assim que nasceu o ateliê Costurices da Lili.

O artesanato também foi um grande aliado para o meu descanso mental. Mas toda essa calmaria foi se transformando conforme minha filha crescia. Aos 2 anos e meio, eu já percebia que derramava nela minhas mágoas e feridas emocionais da infância, e que eu estava repetindo um padrão, querendo moldá-la aos meus padrões de excelência. Eu estava destruindo a identidade da minha filha, tentando colocá-la na caixinha da perfeição que na minha cabeça existia, mas que simplesmente era a caixinha do sofrimento, da rejeição, da não aceitação.

Foi quando ela começou a ir à escola, com quase 3 anos, que percebi o quanto ela tinha medo de errar, de contar as coisas e eu ficar brava e todas as vezes em que eu perguntava como tinha sido o dia dela, o silêncio pairava... aquela que era para ser o porto seguro era a general, aquela que era para acolher e amar, amava - mas julgava também.

E assim seguimos durante um ano, e de repente o momento da salvação chegou: a pandemia! Ela pode ter levado várias pessoas daqui, mas foi durante esse período de dor, isolamento, convívio familiar intenso que fui salva. Enquanto muitas pessoas perdiam o emprego, a lei era clara: "fique em casa!", o meu ateliê deslanchava, muitas encomendas; porém, havia frustação também. Em 2018, eu havia comprado uma casa para montar meu ateliê e a loja física; 2019 passei o ano trabalhando para reformar essa casa. Previsão de inauguração: 04/07/2020, a data de aniversário do ateliê.

Na época, eu trabalhava num cômodo na casa dos meus pais, mas já não cabia mais meus maquinários, meus estoques... os planos era mudar no Carnaval de 2020, contratar uma colaboradora em março e preparar tudo para abrir as portas. Mas nada disso aconteceu. As encomendas chegavam e eu me afundava no poço da ansiedade. Minha vida não tinha mais rotina, vivi 3 meses dançando a música que tocava. Meu negócio crescendo e eu limpando casa, fazendo comida, dando aulas para minha filha, marido em casa dia sim, dia não.

Eu me vi no fundo do poço quando, num sábado à noite, enquanto assistíamos TV, eu tive a primeira crise de ansiedade. Em um momento feliz, tranquilo, eu estava deitada e de repente aquele aperto no peito, aquela sensação de que meu coração estava quase saindo pela boca, visão escurecida e minha filha do lado. Respirei fundo, com muita dificuldade fui ao banheiro e só falei para meu marido que eu não estava bem. Fiquei um tempo ali respirando e pedindo para que Deus permanecesse firme comigo. Depois de um tempo, passou. Mas esse episódio se repetiu mais duas vezes.

Busquei ajuda, meu homeopata me conduziu brilhantemente e me disse: procure se abastecer de coisas boas, alimentos bons, caminhada, leitura, tem tanta coisa boa na internet agora! Foi então que cheguei em casa, fui para a internet e me deparei com Dr. Augusto Cury. Comecei a acompanhá-lo e ler seus livros. Percebi o quanto aquilo estava me fazendo bem e queria mais. Foi então, quando num story, o vi mencionando o PhD Paulo Vieira, especialista em reprogramação de crenças. Naquele momento passou um filme na minha cabeça, minha infância veio à tona e então vi um vídeo em que ele falava sobre repetição de padrão e simplesmente ele estava descrevendo o que eu vivia com a minha filha.

Em 2021, participei do Método CIS, o maior treinamento de inteligência emocional do mundo, que potencializou o resgate que eu já estava vivendo. Decidi me aprofundar e viver a jornada para levar transformação e ajudar as pessoas a se autoconhecerem e viverem realmente tudo aquilo que nasceram para viver.

O desprender do casulo

O *coaching* foi tão essencial na minha vida que foi por meio dele que obtive minhas maiores conquistas. Hoje gerencio meu ateliê, tenho cursos e imersões online, atendimentos de *coaching* e mentorias, palestras. Cuido da minha casa, da minha família, estou 100% presente na vida da minha filha e tudo isso eu conquistei por meio do autoconhecimento e principalmente pelo meu novo estilo de vida: conexão com Deus e cuidado pessoal (emocional, físico e mental).

Quando eu acessei o conhecimento sobre perfil comportamental, entendi que todos os adjetivos que foram me dados na infância nada mais são do que competências, e que todos aqueles que minha mãe não via em mim, eram competências a serem desenvolvidas e usadas com sabedoria. Hoje posso viver uma vida organizada, ser produtiva sem me matar de trabalhar e ser cada vez mais realizadora através do cumprimento dos planejamentos que me levam em direção a conquistar a minha visão positiva de futuro.

Posso criar toda e qualquer realidade para a minha vida. Sou próspera, determinada, comunicativa, organizada, planejadora e acima de tudo: sou tudo aquilo que Deus me fez para ser!

A borboleta só nasce se ela realmente quiser se desprender do casulo. Eu me desprendi do meu, reconhecendo minha real identidade. E você, quando vai se desprender do seu?

"

*A borboleta
só nasce se ela
realmente quiser
se desprender do
casulo. Eu me
desprendi do meu,
reconhecendo
minha real
identidade.*

Mariana Pieroni

Paula Barreira

Paula Cristina Barreira, de 51 anos, nasceu na província do Huambo - Angola. Residente no Reino Unido - Inglaterra, há mais de 20 anos. Filha de João Barreira e Feliciana Barreira. Mãe de quatro filhos lindos e maravilhosos.

Formada em Estudos Europeus e reconhecida com Certificado de Conselheira Familiar. Escritora, *coach*, cristã, mentora de Autoestima e empreendedora.

coachpaulabarreira

www.paulabarreira.uk

21 DERRUBE O SEU GIGANTE, CAMINHE EM FRENTE, ERGA A CABEÇA E SORRIA

Por Paula Barreira

Agradeço a Deus, em primeiro lugar, por poder partilhar a minha história de superação através de esta obra magnifica, divina, e a todos vocês que sempre acreditaram em mim, para que este projeto se tornasse possível.

Todos nós temos ou já tivemos um gigante em nossas vidas, seja interno ou externo. E isso não significa que nós somos seres atacados, mas sim reconhecer que cada experiência nos traz um aprendizado, e cada aprendizado traz lições valiosas para nos moldar e fazer-nos vencedores. E comigo não foi diferente, enfrentei gigantes, passei por experiências que me impediam de progredir, vencer, mas eu contornei toda situação negativa em BENÇÃOS.

Toda mudança requer coragem, fé e perseverança. Para evoluir é necessário deixar para trás tudo aquilo que não te faz bem, tomar decisões saudáveis e estarmos conectados com as pessoas certas. E foi no momento da mudança que encontrei uma nova direção para os meus sonhos.

Após ter vivido uma década em um relacionamento tóxico, de abuso físico e emocional, decidi tomar rumo em direção a minha vida, saindo de um ciclo de abuso repetitivo e buscando a paz e a liberdade que tanto desejava. Tive de mudar de cidade com os meus filhos pequenos e começar do zero, indo para um abrigo que acolhe mulheres vítimas de violência doméstica. Foram momentos de muita angústia e desespero, especialmente com crianças pequenas. Foram anos de muita instabilidade, altos e baixos, mas com fé em Deus, encontramos a paz, segurança que buscávamos.

Desenvolvi uma vida devocional diária buscando a oração e meditando na Palavra e no seu poder. Deus era o centro das nossas vidas, o alimento para fortificar a minha alma. Apesar, de que eu já conhecia a palavra de Deus, a minha espiritualidade cresceu muito mais durante esse período de inércia e dor. Assim foi a minha vida e dos meus filhos. A batalha foi dura e árdua, mas consegui, prossegui e não desisti, nem deixei as circunstâncias definirem o meu futuro.

Continuei, com um modelo de mente positivo, buscando sempre elevar-me através da palavra de Deus e do autoconhecimento. Desenvolvi habilidades que me ajudaram a tornar-me na minha melhor versão porque não desisti, mesmo estando cansada, lutei e derrubei todos os gigantes, faraós e pedras de tropeço que me impediam de crescer e vencer. Por isso, também digo para você, lute batalhe e nunca desista de tornar seus sonhos possíveis. Fui uma mulher, mesmo cansada e fraca, persistente, insuperável e inigualável, uma embaixadora, guerreira em Cristo Jesus.

Os desafios e as tempestades de alguma forma tentaram ofuscar o meu propósito, a minha missão de inspirar e transformar, mas eu não olhei para as circunstâncias, continuei em frente, ergui a cabeça e removi todos os bloqueios mentais tóxicos e físicos na minha vida. Só assim pude reencontrar-me e chegar ao meu destino. Quando te sentires, só, fraca, cercada de gigantes ou faraós, a Biblia diz que maior é o que está em nós do que o está no mundo (1 João 4:4). Não desistas, resista, pois Deus dá batalhas a grandes guerreiros.

Existe sempre uma razão nas coisas, não tente entender o porquê. Em vez tente procurar ser melhor, e não procurar saber o porquê aconteceu com você, tente buscar as soluções para o problema ou situação em que você se encontra. Quando te sentires em um beco sem saída, confie em Deus, tenha fé e a certeza de que você irá vencer. A Bíblia fala em 1 Samuel 17:37-50 que todos nós enfrentamos gigantes e assim como Davi derrubou o gigante, tu também consegues e podes derrubar seja qual for ele.

Eu passei por vários testes, tribulações e tempestades, mas tive uma atitude positiva com relação a tudo. Poderia ter reclamado de tudo, mas clamei a Deus em vez de reclamar, agradeci mesmo não vendo nada com os meus olhos físicos. Continuei a confiar em Deus e no poder do sobrenatural. Transformei os meus testes em testemunhos e dores em milagres. Usei a fé, coragem, determinação que estava enraizada em mim, através do poder do Espírito Santo. A Bíblia fala e ilustra vários homens e mulheres que passaram por perseguições e testes, mas não reclamaram. Tiveram uma atitude positiva perante o Senhor e foram abençoados por Deus.

A coragem de Davi também foi um exemplo que me inspirou na Bíblia, ele enfrentou o gigante, um homem com quase 3 metros de altura, foi capaz de derrubá-lo através da fé e ousadia. Sua motivação era defender seu povo. Assim também fui eu, lutei para os meus filhos e para mim, para que fossemos livres de toda opressão e perseguição.

Essa foi a mesma energia que me invadiu quando vivi os traumas e todo abuso na minha vida. Tive de me posicionar como uma vencedora, mesmo em tempos em que me sentia fragilizada. Se eu pensasse na dor física, emocional ou espiritual não chegaria aonde eu cheguei hoje. Eu fazia confissões diárias, mesmo estando quebrada por dentro das más experiências. Eu exercitava a fé profetizando para minha vida e dizia: EU SOU ESCOLHIDA, EU SOU VENCEDORA, EU SOU ABENÇOADA! Visualizava o impossível no espírito. Acreditava que eu não iria permanecer no vale, porque Deus tinha algo muito grande para mim. A Bíblia diz em Romanos 8:28 que *"todas as coisas cooperam para o bem daqueles que amam a Deus e são chamados segundo o seu propósito"*. Nós temos o poder de profetizar e mudar qualquer situação, Deus deu-nos autoridade para derrubar o inimigo e sermos vencedores.

Em Cristo, eu pude resgatar a minha verdadeira identidade, tive muitas cicatrizes, internas e externas, mas concentrei-me como vitoriosa e não vítima. Em Cristo somos mais que vencedores e vencer era o meu único foco. Quando eu exercitava a minha fé, milagres aconteciam e fortalecia-me cada vez mais na palavra e armadura de Deus. Tudo isso, contribuiu para minha melhor versão e o meu crescimento pessoal, espiritual e profissional. Tudo o que eu almejava, fui conquistando através da disciplina, foco, fé e determinação.

O meu percurso de vida profissional em empoderar mulheres foi crescendo de glória em glória. Cada dia, recebia testemunhos e *feedbacks* positivos com relação ao meu trabalho. E isso fazia-me trabalhar e persistir cada vez mais em levantar e transformar a vida de muitos através da minha história. *Se eu consigo, tu também consegues*; este era o meu lema, dando voz e poder às mulheres.

A mulher hoje já se sente mais respeitada, valorizada e quebrando o silêncio da violência doméstica, e consegue sair e quebrar o silêncio, graças ao excelente trabalho que eu tenho divulgado e desenvolvido. A minha superação de vida foi uma jornada difícil, mas de muita gratidão, aprender agradecer a Deus diariamente foi o alimento que me guiou nessa caminhada. Cultivei um coração cheio de amor e gratidão. A oração e a prática da gratidão foram para mim ferramentas grandes, poderosas de transformação. A oração teve em mim benefícios magníficos. A oração tem o poder de transformar qualquer situação, seja fisiológica, espiritual ou mental. Milagrosamente, a oração tem muito poder.

Sou grata a Deus por tudo o que passei, mesmo quando não pude compreender a razão do ponto de vista humano. Eu passei por tanta dor e sofrimento, mas Deus nunca me abandonou, tirou-me do vale. Suportei o processo, fui íntegra e Deus me honrou com muito mais. Tudo o que Deus fez por mim gera gratidão, pois a minha vida é um testemunho lindo, para aqueles que estão com o coração ferido ou desesperados. Saiba que Deus é Deus da restauração.

Contar a minha história e estar de pé é um milagre de Deus. Superei situações que no ponto de vista humano seria difícil de se compreender, mas com Deus nada é impossível, com Ele posso muito mais. Hoje, comemoro toda a minha superação com gratidão, sorrindo, pulando e dançando. Alegrando-me no Senhor, como a Bíblia diz no Salmo 107: *"deem graças ao Senhor porque Ele é bom e o seu amor dura para sempre"*.

Muitas vezes, os padrões mentais tóxicos nos bloqueiam psicologicamente impedindo-nos de aproveitar todo o nosso potencial. Não devemos nos render às circunstâncias, mas sim reconhecer que em Deus somos capazes de transformar e vencer. Perdemos muito tempo a perguntar "por que eu"? Devemos usar as circunstâncias para ALAVANCAR e crescer.

Programar o cérebro, não como produto do passado ou experiências, mas sim saber reconhecer que é possível romper quaisquer padrões negativos e ter uma vida feliz. Todas as ferramentas que você precisa para iniciar o processo de cura e libertação já estão com você, basta activar o poder que há em você. Não importa quantos passos você dê, sejam pequenos ou grandes, o importante é você dar e não desistir.

Resumindo e concluindo, o que era destinado a destruir-me foi o que me tornou forte e completa. O que era suposto ser um bloco de tropeço na minha vida, foi um trampoline para chegar ao meu destino. Aprendi a perdoar e não focar em distracões.

Os gigantes podem parecer assustadores e ameaçadores, mas não permitas que eles te impeçam de seres um vencedor(a). Nada pode tirar de você a vontade de vencer.

Poema de Paula Barreira

"Eu sou uma MULHER FORTE!

Você é uma mulher com um brilho no olhar, sem medo de amar e sonhar.

Você é uma mulher forte!

Ameaçada, caluniada, pressionada, isolada, perseguida e espancada, segui, consegui vencer com otimismo e dinamismo.

Você é MULHER!

Você abraçou e convidou Deus plenamente para sua vida, mesmo estando em um beco sem saída.

Você é MULHER!

Guerreira por natureza, com dureza e beleza. Corajosa, você consegui vencer uma guerra com garras e orações.

Você é MULHER!

Não deixou seu passado, nem ninguém destruir sua missão, levantou-se e conquistou o seu melhor com GRACIOSIDADE e SORORIDADE.

Você é MULHER!

Uma PÉROLA RARA, escolhida, acolhida e ABENÇOADA!

Você é MULHER!

Você tem um dom natural de inspiração, criação e transformação.

Você é MULHER!

Cheia de serenidade e liberdade. Alcançastes o sucesso através do longo processo.

Você é MULHER!

Com o coração cheio de gratidão e compaixão.

Você é MULHER FORTE!"

"

Meu passado não me define, eu sou ESCOLHIDA e VENCEDORA!

Paula Barreira

Paula Fernanda Barbosa

Sou Paula Fernanda Barbosa, filha amada de Deus, natural de Malhada/BA, resido em Belo Horizonte/MG com meu esposo Henrique, filha de Rita e irmã de João.

Graduada em Administração de Empresas, MBA em Gestão de Pessoas, gerente comercial, coach, palestrante, escritora, treinada em inteligência emocional e amo desenvolvimento humano.

Ministrante do *workshop* O Poder da Inteligência Emocional, acumulei um *know-how* que me possibilitou ampliar meus conhecimentos e me tornar o que sou hoje.

A minha história de sucesso não foi sempre assim, superei grandes desafios e provei que é possível mudar a própria vida através do autoconhecimento, inteligência emocional e através de uma grande decisão e desejo ardente de ajudar pessoas a se desenvolverem e evoluírem em todas as áreas de suas vidas.

paulabarbosasb

pfernandasilva21@hotmail.com

www.oseucoach.com/paulabarbosa

Paula Fernanda Barbosa

+55 (31) 99478-7750

22 SUCESSO É UMA DECISÃO!

Por Paula Fernanda Barbosa

O sucesso pode ser considerado uma decisão, através das escolhas que fazemos e das ações que tomamos, estamos constantemente moldando nosso caminho em direção ao sucesso. Podemos decidir ter uma mentalidade positiva, buscar oportunidades de crescimento, definir metas desafiadoras e tomar medidas para alcançá-las.

No entanto, é importante lembrar que o sucesso também é influenciado por fatores externos e nem sempre podemos controlar tudo o que acontece em nossas vidas, mas podemos decidir como reagir e aproveitar as oportunidades que surgem.

Além disso, o sucesso é um conceito subjetivo e pode variar de pessoa para pessoa. O que pode ser considerado sucesso para uma pessoa pode não ser o mesmo para outra. Cada um tem seus próprios objetivos, valores e definições de sucesso. Cabe a cada um definir o que o sucesso significa para si mesmo e tomar as medidas necessárias para alcançá-lo.

Neste capítulo, venho falar para você sobre minha história de sucesso, como foi meu processo, minha jornada, que passou por várias fases e que hoje tenho a satisfação de poder compartilhá-la com você.

O início da jornada

Brevemente falando sobre minha infância, no sertão da Bahia, onde morei até os meus 9 anos, foi uma infância feliz, onde era muito amada por meus pais. Vivi infelizmente alguns momentos conturbados de família, mas tudo resolvido. Ali, cresci uma garota sempre muito dedicada, estudiosa, responsável e alegre.

Com o passar do tempo, uma grande oportunidade surgiu para que eu e minha família, mãe e irmão, pudéssemos morar em Belo Horizonte. Foi um momento desafiador pois com essa mudança de estado, veio também a separação de meus pais, mas as coisas precisavam ser mudadas. Aconteceu a mudança e hoje posso dizer que foi a melhor decisão que minha mãe tomou naquele momento, reforço que minha mãe é minha maior inspiração de força, coragem e alegria.

Chegar em Belo Horizonte foi encantador no primeiro momento, afinal vinha de uma cidade de interior para uma grande metrópole e isso me encantava, mas os anos foram se passando e as responsabilidades aumentando, aí já começam minhas vitórias de vida. Tinha que estudar para garantir um futuro diferente de tudo que tinha naquele momento, a adaptação foi um pouco desafiadora, mas superamos, afinal temos que nos reinventar e seguir. Comecei a trabalhar muito cedo para poder ajudar minha mãe, que trabalhava como diarista (faxineira) e precisávamos melhorar nossos ganhos.

Aos 10 anos, comecei a levar crianças para escola e alguns anos depois comecei a trabalhar como babá, foi uma excelente experiência, a vida estava me ensinando que em cada fase precisamos tirar um aprendizado e que podemos vencer a cada dia. Também comecei a fazer faxinas em casa de família, o que me ajudou muito naquele momento de adolescência, me tornando mais forte, mais capacitada, segura de mim e ganhando cada dia a mais responsabilidades.

No meio de todo esse processo, contei com a ajuda de poucas pessoas que me incentivaram, apoiaram e que acreditaram em mim, mas para que você tenha sucesso é preciso acreditar apenas em você, é preciso tomar uma decisão de mudança e persistir. Todos os dias tomamos decisões, das mais simples às mais complexas, como uma decisão que pode mudar sua vida, que pode te levar muito mais longe, muitas vezes além do que você imagina.

Sou movida pela fé em Deus, sei que Ele é meu guia, refúgio e meu protetor, com Ele todas as coisas são possíveis e é exatamente por isso que eu fui lá e venci, pela graça de Deus todos os dias em minha vida.

"E não vos conformeis com este mundo, mas sede transformados pela total renovação da vossa mente." Rom.12:2

Eu acredito que as grandes oportunidades não aparecem por acaso, hoje percebo que aquilo que você mentaliza, que você visualiza pode sim acontecer, claro, com ações diárias. Essas oportunidades vão se criando à medida em que você vai se preparando para aproveitá-las. E em meu entendimento, não adianta ter uma grande oportunidade de emprego, por exemplo, e você não ter a capacidade de se desenvolver, é preciso preparo, trabalho e aí sim, você poderá usufruir dessas grandes oportunidades que aparecerão.

O início da mudança

Tive uma grande oportunidade em minha vida, aos 15 anos comecei a trabalhar em uma casa de uma pessoa que hoje é uma das pessoas mais importantes em minha vida, Sandra Michel. Fui babá do filho dela por alguns anos, foi uma experiencia maravilhosa, ali pude aprender muito com ela e seu esposo Ronan, exemplos pra mim. Ela trabalhava em uma grande empresa e eu sempre querendo melhorar meus ares, querendo uma mudança de vida, querendo crescer profissionalmente. A mesma me falou de uma oportunidade de trabalhar como Menor Aprendiz nessa grande empresa, me perguntou se eu queria participar do processo seletivo e eu mais que prontamente disse que sim, o medo e a insegurança do novo batiam a minha porta, mas isso não me parou. Aceitei, e fui lá buscar meus sonhos e objetivos.

Entrei nessa grande empresa aos 17 anos na qual estou até o presente momento. Por ali, tenho grandes amigos e mentores que me ajudaram a me tornar a profissional que sou hoje! Sim, a oportunidade apareceu, eu aproveitei e dei o meu melhor. Fui contratada, ali passei por muitos desafios, muitos aprendizados, mas a minha vontade de crescer e vencer eram muito maiores, tinha meus objetivos muito claros e fui vivendo essas experiências e crescendo com a empresa.

Ali, aprendi praticamente tudo que sou hoje profissionalmente, galguei diversos cargos, iniciando como Menor Aprendiz até chegar hoje na gerência comercial de vendas. Sim, foram longos anos de aprendizados e muito trabalho, venci e continuo vencendo.

Tive oportunidade de me formar bacharel em Administração de Empresas, MBA em Gestão de Pessoas, que é o que amo fazer, lidar com pessoas. Entenda que no meio dessa trajetória muitas coisas aconteceram, o desânimo bateu, o medo, os desafios, mas como disse, sempre fui muito otimista e trabalhei para que dias melhores fossem acontecendo.

A grande decisão

Ainda insatisfeita, queria ir mais além, tenho sede de mudanças, tenho muitos sonhos em meu coração ainda para realizar. E pensar que aquela menina do sertão da Bahia pudesse chegar tão longe! Claro que é possível chegar aonde você quiser, apenas com uma grande decisão de não mais aceitar que seus medos te impeçam de viver a vida que Deus deseja para você, que você viva seu real propósito e que possa transformar a sua vida, a vida da sua família, a vida de muitas pessoas.

Como disse, sou apaixonada por pessoas e há um ano e meio tive uma grande oportunidade de fazer o maior treinamento de inteligência emocional do Brasil, o Método CIS, e lá muitas fichas caíram, pude me perceber muito mais capaz de alcançar meus sonhos, ter mais autorresponsabilidade sobre minha vida, aprender sobre a minha real identidade e que mudanças acontecem se você estiver pronto para aceitar que você é o único responsável pela vida que você tem levado. É real, você pode! Aprendi que você pode viver sua vida de uma forma sistêmica, em equilíbrio em todas as áreas da vida, é preciso se dedicar para que isso aconteça, foi o que fiz.

Esse momento foi um grande divisor de água em minha vida, trouxe-me muita consciência para minha grande mudança. Posteriormente, fiz uma formação em *coach business*, onde hoje faço atendimentos, e me vi com uma oportunidade de me tornar uma palestrante, que é uma das coisas que mais amo fazer: trazer transformação para a vida das pessoas através da inteligência emocional, mostrando-as o seu real potencial, que tudo que buscamos está dentro de nós mesmos. Faço isso através de um *workshop* sobre inteligência emocional, onde o autodesenvolvimento é a chave para o sucesso, ele é capaz de proporcionar uma vida mais equilibrada, com relacionamentos mais saudáveis, maior bem-estar emocional, contribuindo para o desenvolvimento pessoal e profissional.

Apesar de todas as adversidades, eu venci, estar aqui contando isso para você é uma grande alegria, pois nesse exato momento você participa de uma grande realização minha, de um momento especial, que planejei e se concretizou com a coautoria desse livro, que veio para celebrar o rumo que me minha vida tomou, das decisões assertivas que tive e que me tornou na pessoa que escreve aqui para você. O que sempre digo é que somos autorresponsáveis e que sucesso é uma decisão que só pode ser tomada por você.

A autoconfiança precisa estar alinhada com essa decisão, acredite que você pode muito mais, você foi criado para vencer também e precisa celebrar as pequenas conquistas diárias, isso é importante para alimentar sua mente de que você já é um vencedor(a). Grandes coisas estão por vir, basta você tomar a decisão que te levará a alçar voos muito maiores.

A verdade é que quando temos o poder de decisão, abrimos um leque de novas oportunidades, sensações, ideias e sentimentos, tudo depende de nós mesmos.

Diante disso, convido você a escolher 3 áreas da sua vida que precisam de uma grande decisão para uma grande mudança de vida. Vamos lá?

1.____
2.____
3.____

Depois de escrever, agora faça um acordo com você mesmo, se comprometa a atingir esses objetivos e não pare até você sentir orgulho(a) de você.

Se estiver comprometido com seus objetivos, você vai conseguir! Você é capaz e merecedor de viver uma vida muito abundante.

Espero te ver em breve para ouvir seu lindo depoimento de transformação!

Tome a decisão!

Agradecimentos

Quero aqui agradecer primeiramente a Deus que é tudo para mim, a Ele toda honra e gloria, gratidão por estar comigo em todos os momentos, agradecer a minha mãe, irmão, marido, amigos e todos que de alguma forma contribuíram para que eu pudesse chegar onde cheguei.

Deus os abençoe!

"

Sucesso demanda coragem e persistência, acredite no poder das suas escolhas! Decida ser protagonista da sua história! Seja grande!

Paula Fernanda Barbosa

Rafael Casarin

Sou Rafael Casarin, tenho 21 anos, nascido em Ijuí/RS, mas criado em Boa Vista do Cadeado, cidade vizinha, onde resido até hoje. Sou filho de Marcos Casarin e Analice Casarin, tenho um irmão gêmeo, o Arthur, e uma irmã mais nova, a Isabelle, e sou solteiro no momento.

Bacharelando em Direito pela Universidade de Cruz Alta/RS, influenciador e criador de conteúdo de viagens, formado pela Sol Camps na Universidade de Toronto/CA e palestrante motivacional.

Com imensa alegria apresento o meu capítulo!

+55 (55) 99922-8382

rafaellcasarin

rafaelcasarin2002@gmail.com

Rafael Casarin

23 VAI, RAFA, VOCÊ CONSEGUE!

Por Rafael Casarin

Quando eu estava na barriga da minha mãe, conta ela que seu sonho de infância era ter filhos gêmeos, chega até ser engraçado porque o que tinha de frutas e objetos que fossem duplicados tinha que ser dela, pois na sua crença, isso iria contribuir para seu sonho se realizar. Os anos se passaram, ela se casou e chegou a vez de se tornar mãe.

Meus pais fizeram todo o pré-natal e assim que o médico informou que estava tudo certo, ela engravidou e para sua surpresa, numa manhã de janeiro de 2002, foi fazer seu primeiro ultrassom, onde o doutor disse: "Aqui tem um saco gestacional e um bebê e aqui tem outro saco gestacional e outro bebê". A emoção e a felicidade tomaram conta, pois o sonho ia se realizar e os gêmeos estavam a caminho. Todos os familiares e amigos foram avisados, pois a grande notícia estava até nos jornais da região. A gravidez foi tranquila, todo o desenvolvimento conforme dentro do esperado e chegando no 6° mês, minha mãe teve uma gripe muito forte e precisou ser hospitalizada, com fortes tosses, começou ter contração e com isso nós queríamos nascer. Quando voltou para a consulta do 7° mês, o médico internou-a pois o remédio via oral não estava sendo suficiente.

Depois de ter passado 1 mês hospitalizada, ela fechou o 8° mês de gestação e em um sábado ensolarado, às 7h30 da manhã, estava marcada a cesárea, porém com uma intercorrência: a chegada de órgãos para transplante fez com que todas as salas do centro cirúrgico do Hospital de Clínicas de Ijuí/RS estivessem ocupadas.

O relógio bateu 14h21 e nasceu o primeiro bebê, o Arthur, os médicos comentaram que por serem dois com 8 meses nem eram tão pequenos, "Esse chega ter dobrinha nas pernas". Tudo estava dentro do esperado, o pediatra recebeu o Arthur e a equipe seguiu fazendo os primeiros cuidados. Com exato 1 minuto de intervalo, o clima mudou completamente, o misto de silêncio e palavras estranhas invadiram a sala de cirurgia, pois tinha chegado o momento de eu vir ao mundo. Aquele momento tão esperado se transformou em medo, incerteza e desespero, porque nem mesmo os médicos fazendo todos os exames tinham visto tanta imperfeição. Fui encaminhado para alguns exames com o pediatra, junto com meus tios, pois ninguém tinha noção se por trás de tanta deformidade teria algo errado internamente ou alguma síndrome por trás disso. Foram muitos exames relacionados ao coração e em todos os órgãos do corpo, pois nada mais justo que, nesse momento, corressem atrás do prejuízo para tentar fazer algo a tempo, já que nada tinha sido descoberto antes disso.

Duas vagas na Unidade de Tratamento Intensivo (UTI) estavam reservadas para nós, mas naquele mesmo dia eu comecei mostrar que era mais forte do que imaginavam. Chegamos antes da mãe no quarto, tomamos leite no copo e depois ela chegou. Ainda no hospital, foram recebidos os exames e todos tiveram um bom resultado, mas o diagnóstico do médico ortopedista daquele dia, só de pensar ainda hoje arrepia, pois ele disse para meus pais que eu não ia conseguir nem me sentar, caminhar e correr, acompanhar se quer o meu irmão.

A internet estava surgindo na região, as pessoas e os médicos que tinham esse alcance começaram procurar informações que pudessem ser úteis para me encaminhar a um tratamento. Com 20 dias de vida, o Arthur ficou com minha avó e eu segui com meus pais para me consultar com um médico em Porto Alegre. Ele comentou que, em relação aos meus braços, nós não iríamos ter problema, mas a questão estava na perna esquerda, pois como era mais curta em relação à outra, o trabalho pela frente seria grande. Contam meus pais que eles até sentiam que os médicos tinham interesse em nos ajudar, mas não tinham conhecimento para concretizar o diagnóstico e nos dar uma luz para seguir.

Depois de ser atendido por médicos aqui do estado, um deles nos encaminhou para Brasília, no Hospital Sarah Kubitschek, que na época era referência nesta área. Meu desenvolvimento estava sendo normal como de qualquer criança, conseguia acompanhar meu irmão em todas as atividades, além de sempre ter sido estimulado para enfrentar todas as fases que iam chegando, sempre dentro das minhas limitações e em muitos casos com o auxílio de quem estava comigo; mas eu nunca deixava de fazer nada e participar de alguma atividade por ser como eu era.

Já no hospital, em Brasília, passei por um estudo genético, onde foi diagnosticado que minhas deformidades não eram provenientes de uma síndrome ou algo genético e sim um acidente vascular durante a formação, ainda enquanto eu era embrião, onde a veia responsável em levar o sangue para a formação dos membros superiores e inferiores era atrofiada. Com 1 ano eu já realizava tarefas como uma criança qualquer, como pentear os cabelos e tomar água. Quanto a minha perna, como eu usava uma tala que não tinha nem um "pezinho", era em forma de estribo, eles procuraram melhorar essa parte, pois eu não estava tendo equilíbrio para me locomover, para caminhar sozinho e assim eu consegui com 1 ano 4 meses. Para chegar até o Hospital Sarah Kubitschek, nós precisávamos de um encaminhamento da Secretaria de Saúde, mas com o passar dos anos, a cidade de Passo Fundo/RS virou referência no estado e a secretaria começou a me encaminhar para o hospital nessa cidade.

Eu já passei por mais de 20 cirurgias e boa parte delas foram para alongar a perna esquerda com aqueles fixadores, para tentar que ela chegasse do tamanho da outra perna. Mas chegou uma fase na minha vida, com 10 anos, que eu não estava mais conseguindo fazer algumas coisas, como entrar no carro, porque minha perna não dobrava, não conseguia mais colocar calças porque não entrava na órtese. Eu lembro que eu via os outros meninos usando, mas a minha tinha que ter um zíper no lado para ela entrar e muitas vezes nem fechava porque o volume do pé lá em cima, por ser mais curto, não dava no tamanho certo da largura da calça.

A notícia inesperada

Esses obstáculos começaram acumular na minha vida, o Rafael começou a crescer e ele queria ser igual aos outros. Chegou em um ponto que o médico de Passo Fundo, o Dr. Jung, disse que não adiantava mais fazer esse alongamento de osso, porque ele não ia crescer mais. Foi o que ele disse em uma consulta em Passo Fundo, ele nos colocou sentados na sala, eu lembro que era uma sala bem pequena, com a mesa dele, o computador e uma cama hospitalar; e falou que o próximo passo seria fazer algo que até então a gente não imaginava e que era bem sério: "Nós precisamos amputar sua perna". Eu cheguei em casa naquele dia, tomei banho, abracei minha mãe bem forte e chorei dizendo que ninguém na vida ia tirar o pezinho de mim, eu já estava decidido, porque o Arthur tinha os dois pés e como é que eu iria ficar só com um? A mãe e o pai sempre me apoiaram muito, inclusive meu irmão também precisou ser forte nesses momentos porque ele convivia conosco também; e a mãe disse que se eu não quisesse, ninguém ia tirar o pé de mim.

Esse assunto morreu por anos e passado um tempo, as coisas foram mudando e veio a moda de usar calças justas e coloridas da Banda Restart e o Rafael também queria uma calça, ele queria estar na moda. Eu lembro que eu pegava as calças dele colocava na perna direita ia à frente do espelho e me olhava, sonhava... Pensando em como era sair na rua usando aquela calça. A mãe e o pai queriam que eu aceitasse amputar meu pé porque ia ser melhor pra mim, só que essa decisão tinha que partir de mim, pois eu já era grande e entendia o que era isso. Até que um dia a mãe pegou o computador, trouxe até perto de mim e pesquisou imagens de pessoas que usavam prótese e me mostrou dizendo como eu poderia ficar, que eu ia poder usar a calça, andar de bicicleta, entrar no carro e uma série de coisas boas e que pareciam ser impossíveis para mim e eu disse pra ela que eu ia pensar.

No outro dia, eu olhei para minha mãe e disse que eu tinha uma coisa pra contar pra ela, eu falei: "Mãe, eu quero amputar meu pé". Ela ficou bem emocionada, concordou comigo e falou que essa decisão não era errada e que eu poderia contar pra quem eu gostasse e que realmente merecia saber; então eu contei para minha avó, porque eu tenho um sentimento muito grande por ela; na escola também comecei contar para meus colegas, eu achava o máximo falar que ia amputar meu pé. Pois quando eu descobri que não era feio e sim para meu melhor, eu não tinha vergonha de contar essa novidade e dizer para as pessoas que eu ia ser igual a eles. Foi então que tudo aconteceu, a partir daí começamos nos preparar para isso, para entender melhor como seria esse processo, marcamos a cirurgia e ela foi feita.

Estávamos na sala de recuperação do IOT - Instituto de Ortopedia e Traumatologia de Passo Fundo, e em todas as cirurgias, a mãe ou o pai entravam na recuperação e ficavam o tempo todo comigo e neste dia era a mãe. Eu acordei depois que o efeito da anestesia passou e eu pedi pra ela erguer o cobertor porque eu queria ver a minha perna. No momento que ela ergueu, eu desabei por dentro, fiquei em pedaços e queria sumir, porque o meu pé não estava mais ali, mas eu fui muito forte e não deixei cair uma lágrima porque eu não queria mostrar tristeza para ela, porque era ela que estava naquele momento me dando apoio.

A sala de recuperação estava lotada e tinha apenas 3 enfermeiras para 20 pacientes; me lembro que minha cama era bem no meio, a sala era um pouco escura porque alguns pacientes ainda estavam dormindo e lá longe eu olhava uma luz amarela que ficava ligada, com o som dos aparelhos "*PI-PI-PI*". Foram as horas mais longas da minha vida e isso me marcou muito, porque foi uma das cirurgias que mais tocou meu físico por "perder" minha perna e principalmente meu emocional, pela mistura de sentimentos em estar feliz porque seria para o meu melhor.

Esse é o final do meu capítulo, mas não da minha história. Hoje, caminho com uma prótese computadorizada, mas aquele "Vai, Rafa, você consegue!" ainda habita em meu coração, fazendo-me voar e desbravar o mundo com muita força, coragem e entusiasmo.

Faz 8 anos que eu tenho as duas pernas, mas faz 21 anos que sou feliz!

Rafael Casarin

Renara Ferreira

Sou Renara Ferreira, natural de Jandaia do Sul/PR, e atualmente moro no Rio de Janeiro, capital. Tenho 29 anos, mãe, empresária, mentora de alta performance, perita em *franchising*, CEO e presidente do grupo Habitué.

Minha trajetória envolve a construção de um império avaliado em milhões de reais.

Cristã, conservadora, valorizo princípios e família. Contudo, cada conquista foi precedida por desafios significativos que moldaram a resiliente história de sucesso que hoje compartilho.

+55 (21) 98749-0376

renara.ff

pizzashabituefit

renaraferreirajob@hotmail.com

Renara Ferreira

24 ACREDITE NOS SEUS SONHOS E NA SUA CAPACIDADE DE REALIZÁ-LOS

Por Renara Ferreira

Nascida e criada em uma cidade simples no interior do Paraná, filha de Irene e Jeremias, um irmão mais velho, tive uma infância muito tranquila, bem quieta, era boa aluna, amava os animais e tinha vontade de ajudar todo o mundo. Meus pais nos ensinaram desde pequenos a andar pelo caminho certo, tementes a Deus, cheios de princípios e valores, apostaram em nossa educação, investiram em escola particular, onde se abstinham de conforto e bens materiais para conseguirem arcar com a mensalidade.

Eu era muito sonhadora, me lembro que desde nova eu já me imaginava sendo empresária, todos os domingos de manhã eu acordava cedo com meu pai e assistia o programa "Pequenas empresas e grande negócios". Comecei alimentar dentro de mim o quanto seria bom se eu crescesse e através do meu trabalho pudesse ajudar meus pais a terem uma vida melhor.

Me lembro muitas vezes de ouvir meus pais conversando sobre despesas, contas e dinheiro. Nunca nos deixaram faltar nada, tivemos o que comer, o que vestir, livros para estudar e alguns brinquedos. Porém, sempre fui muito observadora, vez ou outra percebia meu pai cabisbaixo por causa das contas.

Mesmo sem compreender muito as circunstâncias, aquilo me magoava, eu me sentia de alguma forma culpada e mal por não fazer algo. Me recordo que minha mãe sempre foi muito econômica e sabia administrar as despesas da casa. Não faltava, mas também não sobrava, era algo muito regrado, usávamos roupas usadas dos primos mais velhos, brinquedos eram os mais simples, comida sempre teve na mesa o básico.

Naquela época, existia um programa de TV chamado Xuxa, e nele havia uma canção: *"Tudo que eu fizer, eu vou tentar melhor do que já fiz, esteja o meu destino onde estiver, eu vou buscar a sorte e ser feliz. Tudo que eu quiser, o cara lá de cima vai me dar, me dar toda coragem que puder, que não me falte forças para lutar"*. Essa canção me trazia fé, esperança e eu alimentava dentro de mim a certeza que eu buscaria a minha sorte.

Eu não conversava com meus pais sobre esses assuntos, era muito pequena, agia como se não soubesse o que estava acontecendo, mas aquilo me entristecia. Eu não via a hora de crescer para poder trabalhar e ajudar minha família. E assim eu fiz, quando completei 14 anos, tive o meu primeiro trabalho, professora particular, eu dava aula de reforço todo os dias à tarde. Não tinha muitos recursos, mas existia em mim uma grande vontade de vencer.

Fui tomando consciência que trabalhando eu poderia mudar a vida da minha família e para de fato ter uma boa renda, eu deveria ser empresária. Na época, lia muitos livros sobre crescimento pessoal, trabalhei em loja de cosméticos, escritório de advocacia, modelei, prestei alguns concursos, mas sempre pensando em empreender em algo que fosse mudar nossa vida.

Eu e uma amiga, que também tinha a mesma garra que eu, tivemos a ideia de começar a bordar biquínis e vender. Nós comprávamos o tecido, levávamos para a costureira, bordávamos e depois saíamos para a rua vender. Éramos muito perseverantes, saíamos batendo de porta em porta, ouvíamos muitos nãos, mas fomos desenvolvendo nossas estratégias para vender. Contudo, nesse mesmo período, conheci um rapaz, começamos a namorar, foi aí que minha vida tomou um rumo diferente. Após alguns meses de namoro, ele foi preso por suspeita de tráfico de drogas e eu trouxe para a minha família a maior decepção da vida deles.

Quando aconteceu a prisão, foi uma grande surpresa para todos, eu sofri muito, por um lado ver a pessoa que eu tanto amava por trás das grades e por outro lado ver toda a minha família sofrendo por me ver envolvida em um relacionamento que nenhum pai deseja para uma filha. Logo eu, que sempre quis dar orgulho para meus pais, fui dar decepção.

Na minha cabeça, eu não o via como um criminoso, não compreendia o porquê dele se envolver com aquilo, já que vinha de uma família estabilizada. Eu pensava que o amava com todas as forças do meu coração. Entretanto, na mesma época em que a prisão ocorreu, meus pais me fizeram escolher entre ficar com ele ou ficar com minha família.

Naquele momento, o meu mundo desabou, o meu sofrimento que já estava sendo grande, se intensificou. Mas eu escolhi estar com minha família e logo que ele saiu da prisão terminamos.

Eu não conseguia assimilar o tanto de riscos que eu corria ao estar envolvida com alguém que escolheu esse caminho. Mal eu sabia que aquilo era uma grande armadilha do inimigo para destruir a minha vida. E é sobre isso que eu quero falar nesse capítulo.

Naquela época, eu não tinha conhecimento da palavra de Deus, eu conhecia Deus "só de ouvir falar", sabia da sua existência, do seu poder, porém não conhecia a fundo sobre a guerra travada que existe na terra. Eu era somente uma menina de 18 anos, que não tinha noção do tanto de destruição que as drogas e o tráfico causam na sociedade. Naquele momento, eu era somente uma presa fácil. O inimigo sabia que não iria conseguir usar a isca das drogas, porque sabia que eu tinha tido uma excelente instrução, então ele usou a isca do coração. Você já ouviu aquela frase: "Ouça a voz do seu coração"? Esse é o pior conselho que alguém pode te dar na vida. Pois a própria palavra de Deus, em Jeremias 17:9-10 diz: *"Enganoso é o coração, mais do que todas as coisas e perverso."*

A cilada estava montada, porém eu não enxergava, também não sabia nada sobre a vida quando somos adolescentes achamos que sabemos de tudo. O plano do inimigo era me ver ali, refém daquele relacionamento, com uma família destruída, com um futuro interrompido e vergonhoso. Pois se existe algo em que o inimigo domina é nos envergonhar e cegar. Fui morar em Santa Catarina, aluguei um quartinho. Dormia em um colchão no chão, com as roupas do lado, não tinha guarda-roupa e poucos móveis no apartamento.

Comecei a trabalhar em uma imobiliária, fazia locações de temporada e em paralelo a isso eu vendia os biquínis que ainda tínhamos prontos. Eu era infeliz, havia desapontado as pessoas que eu mais amava na vida, meus pais. Parecia que a tristeza havia se instaurado em mim. No início, eu recebia pouco, somente o suficiente para pagar o aluguel e uma compra no supermercado. Me lembro que uma vez fiquei uma semana comendo 1 pão francês por dia. Claro que se eu ligasse para meus pais, eles me mandariam dinheiro para eu poder fazer ao menos uma compra, mas eu já tinha trazido desgosto demais, eu não queria passar para eles que as coisas estavam difíceis daquela forma, eu queria mostrar que eu estava forte, bem e feliz.

Fiz algumas amizades, conheci outras pessoas, tive mais decepções. Eu era uma menina muito pura, não conseguia enxergar maldade nas pessoas, acreditando que todos são merecedores. Porém, isso me fez quebrar muito a cara. Um belo dia, eu vi uma igreja e resolvi entrar, a pregação nesse dia era Jeremias 29:11: *"Porque sou eu que conheço os planos que tenho para vocês, diz o Senhor, planos de fazê-los prosperar e não de causar dano, planos de dar a vocês esperança e um futuro."*

Essa palavra penetrou em minha vida, pela primeira vez eu senti a presença do Espírito Santo e naquele momento eu não me senti mais sozinha. Eu orava a Deus com todas as forças, pedindo para que ele tirasse aquele sentimento do meu coração e que aquele passado fosse apagado de minha vida. Foi aí que Deus mudou a minha sorte.

A partir daquele dia, tudo começou a se fazer novo, eu comecei a me aproximar de Deus. Consegui tirar meu CRECI para ser corretora de imóveis e poder efetuar vendas, comecei a trabalhar em uma imobiliária melhor. Já mais madura e com as feridas cicatrizadas, me mudei para o Rio de Janeiro e abri meu próprio negócio, uma pizzaria saudável, estudei muito, contratei especialistas, fiz um excelente plano de negócio e principalmente consagrei ela a Jesus Cristo.

Pedia para que o Senhor me capacitasse, eu trabalhava dia e noite nesse projeto, ficava até de madrugada produzindo massas de pizza. Além de fazer as massas, montagem, atendimento, marketing, financeiro, tudo dependia exclusivamente de mim. Eu literalmente passei a viver por aquilo. Me dediquei muito, me esforcei, pois via que através dali eu tinha a oportunidade de realizar o meu maior sonho. Eu só pensava em trabalho. Mas não foi nada fácil, no Rio pude conhecer a maldade das pessoas, tive que aprender a nadar com tubarões.

Com os lucros dessa primeira loja, eu montei minha segunda loja, em Copacabana. Nesse mesmo período, além de muitos desafios e obstáculos que tive de enfrentar sozinha, tive mais decepções, não só profissionais, mas também amorosas.

Montei a minha terceira loja em Niterói, estudei, me especializei em franquias, abri a Habitué Franchising e a Habitué Distribuidora e comecei a vender franquias da minha marca para todo o Brasil.

Realizei o meu sonho de poder ajudar minha família financeiramente, pude presentear meus pais com um carro automático, com direito a laço vermelho e tudo, construí uma chácara de lazer para eles descansarem, contribuo mensalmente para que tenham mais qualidade de vida. E essas conquistas não são sobre bens materiais, mas sobre honrar pai e mãe, sobre reconhecer e tentar retribuir tudo aquilo que fizeram por mim. Tem uma frase que carrego comigo que é: *Faça em Vida*. No dia em que tivermos que nos despedir desse plano, saberei que tudo que eu pude fazer por eles em vida, eu fiz.

Hoje tenho 29 anos, uma empresa avaliada em alguns milhões, forneço pizza para hipertensos, diabéticos, intolerantes à glúten, à lactose, mostro que é possível sim se alimentar de forma saudável com muito sabor. Gero empregos e ofereço a oportunidade de crescimento para todos meus colaboradores, sou mentora de alta performance, ajudo empresários a alcançarem resultados exponenciais, sou a favor da vida, apoio eventos de esportes, pois acredito que o esporte previne e tira muitos jovens do caminho das drogas.

Hoje sou feliz, realizada, tenho Deus no centro de tudo, tenho um companheiro que me motiva, que é leal, que me apoia e uma filha abençoada.

"

Do zero à construção de um império de franquias saudáveis. Minha jornada é um testemunho de resiliência, amor ao empreendedorismo, honra e fé.

Renara Ferreira

Rita Souza

Sou Rita Souza, resido em Iturama/MG com meu esposo Nilton. Temos duas filhas: Maria Rita e Maria Eduarda, são universitárias na cidade de Campinas/SP, onde moram atualmente para cursarem sua faculdade de medicina, onde também passo a maioria do meu tempo.

Farmacêutica, acupunturista, mãe foi minha profissão, decidi me dedicar totalmente a elas.

Depois de um uma luta na busca constante de encontrar meu real propósito de vida, descobri que você pode mudar sua vida através do autoconhecimento, foi aí que me tornei palestrante, comecei a criar meus vídeos motivacionais e agora sou coautora do meu primeiro livro, para realizar minha missão de ajudar pessoas a evoluírem e se tornarem aquilo que elas nasceram para ser.

+55 (17) 98102-5688

eusouritasouza

souzzaritinha@hotmail.com

eusouritasouza

25 RESGATANDO A ESSÊNCIA PERDIDA

Por Rita Souza

Era um sonho muito distante e eu nunca poderia imaginar que hoje estaria aqui escrevendo em poucas linhas um pouquinho da minha história de superação. Posso te dizer com todas as letras que ela mudou minha vida e espero que eu possa te ajudar a mudar a sua vida também.

Sou a segunda filha de quatro irmãs, fomos muito amadas e muito protegidas por meu finado pai e minha mãe, com seus excessos de amor e proteção. Meus pais trabalhavam muito para nos dar o sustento e o conforto que podiam para garantir nossos estudos, para que pudéssemos ter um curso superior e nos tornarmos independentes. Fizeram o melhor que podiam, sou muito grata por tudo que eles fizeram por mim.

Tive uma infância feliz, gostava de brincar igual a toda criança, não vou entrar em muito detalhe, é só para você entender o meu processo; quero concluir essa parte contando que o tempo foi passando, eu fui crescendo e tive que entrar na escola estadual. O problema maior era que eu não gostava de estudar, me sentia "burra" e ainda para piorar tinha *déficit* de atenção. Mas consegui concluir meu colegial com muita dificuldade, depois prestei vestibular, entrei na faculdade cursando Farmácia Bioquímica.

Me casei como a maioria das meninas, que sonha com seu casamento, me formei, me tornei mãe. Depois que me tornei mãe, decidi abdicar da minha vida profissional para me dedicar às minhas filhas, pois elas precisavam de mim naquele momento e eu delas.

Dor da alma

Minhas filhas foram crescendo e parecia que faltava algo na minha vida, mas não sabia o que era. Então comecei a me questionar e eram muitos questionamentos, eu tinha muitas crises existenciais, além delas, ainda me culpava por esses questionamentos, não entendia por qual motivo sentia esse vazio que invadia meu peito. Me sentia perdida em relação a minha vida. Meus questionamentos eram: o que eu gosto de fazer? O que me deixa feliz? Eu sou feliz? Qual meu propósito de vida? O que eu vim fazer aqui? Qual legado que quero deixar para minhas filhas? Não que eu não fosse feliz, eu só queria me encontrar e ser eu mesma.

Todas essas perguntas me levaram a um quadro de depressão profunda, minha vida virou de cabeça para baixo. Tive muitas perdas, fracassos e desilusões no meio do caminho. Perdi minha originalidade, minha essência de vida. Quis morrer várias vezes, queria ficar de olhos fechados, sozinha, num quarto escuro, queria desistir da minha própria vida. Eu sentia uma tristeza profunda, que invadia minha alma, doía meu coração. Tinha pensamentos suicidas constantes, ninguém sabia o que estava passando dentro de mim. Tinha alterações de humor, raiva, não me sentia amada, me sentia um fardo. Procrastinava, não tinha forças para me levantar e nem pra fazer nada, fazia tudo forçada; emagreci, tive anorexia, crise de pânico, insônia, parecia um zumbi! Na verdade, eu não vivia, só existia. Perdi a fé em Deus, em mim, nas pessoas, achava que Deus não me escutava, que ele tinha esquecido de mim. Tinha muitas crenças limitantes e muitos pensamentos negativos e destrutivos. Enfim, essa era eu.

Para piorar meu processo de depressão, em 2011 perdi meu pai, minha figura paterna. Perder alguém que voce ama te causa uma grande dor. Me senti sozinha, fiquei ainda mais decepcionada com Deus.

Iniciando meu processo de cura

O motivo que me fez querer a cura e me tirar daquele quadro de depressão, foi minhas filhas. Eu fazia tratamento com acompanhamento médico e uso de medicação, mas usava o remédio para insônia à noite e fazia o uso dele também durante o dia, eu só queria dormir. Em uma tarde que me encontrava dormindo, minhas filhas entraram no meu quarto e disseram que não gostavam de me ver daquele jeito, se eu ficasse triste elas ficariam também. Essas palavras me causaram um grande impacto, me ajudaram a levantar e me motivaram a sair daquele quadro mórbido que eu me encontrava, de zumbi, que estava acabando não só com minha vida, mas de todos que estavam à minha volta. Minhas filhas foram minha maior motivação para meu processo de cura e busca do meu eu. Obrigada, minhas filhas, por vocês existirem.

Tomando as rédeas da minha vida

Quando você não sabe para onde ir, qualquer caminho serve. Eu precisei compreender a importância do fator tempo em minha vida. Demorei um pouco para descobrir, confesso que não foi nada fácil, mas acredito que nada acontece por acaso, que tudo acontece no tempo certo. Hoje posso te dizer que nunca é tarde para começar, você pode começar agora, onde você está e com o recurso que você tem, só depende de você. A decisão é toda sua, a mudança começa por você, mas primeiro você precisa conhecer a si mesmo para depois vencer as dificuldades impostas pelo caminho. Foi assim que eu descobri que você pode mudar a sua vida através do autoconhecimento. Primeiro, você se organiza por dentro, para a vida se organizar do lado de fora.

Como foi o processo de me curar da depressão? Resgatando minha fé, voltando à minha intimidade com Deus, através da oração, o maior poder do homem reside no poder da fé. Foi através dessa passagem na Bíblia, em Mateus 6:6-8, que diz: *"Mas, quando você orar, vai para seu quarto, feche a porta e ore ao seu pai, que está em secreto. Então, seu pai que vê em secreto o recompensará."*. *E* foi assim que eu fiz e continuo fazendo todos os dias. Eu me comprometi a entrar no meu quarto e ao em vez de dormir, agora eu orava. Fiz esse compromisso comigo mesma, entendi que minha cura dependia de mim e de mais ninguém.

Não importa qual é sua religião, não importa o local, o importante é sua fé, quando você acredita e aceita como verdade, tudo é possível para aquele que crê. E foi assim, através das minhas orações, minhas conversas com Deus, sozinha, dentro do meu quarto, que em 5 meses minhas preces foram atendidas: consegui tirar minha medicação e me curei da depressão. Umas das lições mais importantes que eu aprendi foi: não culpe a Deus pelos seus atos, Deus nunca nos abandona, nós é que o abandonamos.

A partir dali foi outro processo, eu tinha que buscar encontrar meu propósito de vida. Não foi nada fácil depois de tantas idas e vindas, fracassos, perdas e desilusões. Mas venci.

Ferramentas-chave para meu autoconhecimento e busca do propósito

1. Leitura - Os livros foram uma das ferramentas mais importantes, que serviram como uma âncora para meu autoconhecimento e desenvolvimento pessoal, mental e espiritual. Foi uma virada de chave para minha vida. Abriu minha mente, diminuiu meu estresse, ajudou na cura da minha depressão, no meu vocabulário e escrita, abriu novos horizontes, aumentou minha concentração, ajudou a enxergar minhas crenças limitantes e pensamentos negativos; conheci um mundo que eu desconhecia. Aprendi técnicas fundamentais para eu descobrir meu propósito.

Quem diria que um dia eu estaria aqui falando isso, eu que nunca gostei de ler nem os livros da escola, aquela menina com *déficit* de atenção, que se sentia "burra", me comparava com meus colegas, achando que eles sempre eram mais inteligentes e melhores do que eu. Eu não acreditava em mim mesma, tinha perdido totalmente a fé e a esperança, tinha desistido de sonhar e hoje estou aqui escrevendo um livro de coautoria.

2. Perdão - Perdoe a si mesma e a todos aqueles que você acha que não consegue perdoar, assuma as rédeas da sua vida, assuma seus erros, não se faça de vítima, não culpe os outros pelos seus atos. Eu culpava todas as pessoas que conviviam comigo por tudo que acontecia de ruim na minha minha vida, sempre me sentia vítima. A partir do momento que eu entendi que eu sou a única responsável pelos meus atos, eu compreendi que eu sou a única dona do meu destino, resolvi viver meu propósito. Pratique o perdão. Se perdoe em primeiro lugar para perdoar os outros, é tudo aquilo que você precisa para destravar sua vida.

3. Gratidão - Ela abre as portas para a felicidade, acalma sua mente, estimula o autoconhecimento e te faz valorizar o que tem, em vez de ficar ansioso sobre aquilo que não tem, bloqueando tudo aquilo que você deseja e merece ter. Comece agora a agradecer.

4. **Afirmações positivas** – Substitua suas palavras negativas pelas positivas, palavras têm poder e tiram você da mediocridade e do pessimismo. Repetições se tornam crenças que viram verdades profundas, as coisas começam a acontecer. Liberte suas crenças com afirmações positivas.

5. **Meditação** - Ela nos ensina a parar de viver no passado e ficar preocupado com o futuro, nos ajuda a viver o momento presente. Tire uns minutos do seu dia para silenciar. Ela nos ajuda a nos concentrarmos no presente para ter uma vida melhor, além de relaxar o corpo, entre outros benefícios.

Espero que minha história tenha te ajudado na sua jornada, entendendo que nunca é tarde e que você pode, assim como eu, superar qualquer obstáculo e ser feliz.

"

Você nunca se tornará grande fazendo coisas pequenas.

Rita Souza

Rose Melo

Sou Rosimere Melo, pernambucana, tenho 58 anos, sou casada com João Câmara, não tenho filhos. Formada em Fisioterapia, pós-graduada em Geriatria, empreendedora na saúde, gestora da clínica Unisaúde e Unisaúdekids com sucesso e autora do projeto "Peito com P."

Ao longo da minha vida sempre fui determinada, resistente e resiliente às lutas que chegam, nunca desisti na dor e nem mesmo nos obstáculos, pelo contrário, eles foram um remédio de força para alcançar meus objetivos na vida.

Nesta jornada, a coisa mais importante e linda que já conheci foi um Deus de andar e não mais de falar, aprendi e entendi que tudo tem permissão d'Ele, que todo projeto e promessa vem d'Ele e que tudo na vida passa.

rosimeremelooficial
unisaudevitoria
unisaudekids
peitocomp
email. mrosemelo@hotmail.com

26 MEDO, ESCURIDÃO E UMA GRANDE VITÓRIA!

Por Rose Melo

Em 2015, fiz uma cirurgia para redução da mama a qual me prejudicava com o peso, dificultando minhas rotinas diárias. Após a redução, fiz biopsia e o resultado foi negativo para qualquer indício de câncer, passei três anos sem fazer exames de imagem achando que nada podia me acontecer, fui negligente!

Em janeiro de 2019, comecei a sentir um nódulo na mama esquerda, mas achava que era benigno devido a outros que havia retirado, continuei minha vida sem procurar uma mastologista. Em agosto, comecei sentir coceiras e foi ficando vermelha minha mama, nesse momento já estava acreditando que era câncer, mas tinha medo de ir ao médico e ter essa certeza. Em dezembro foi crucial, a mama ficou mais vermelha, crescida devido ao tumor e meu mamilo começou retrair. Resolvi com urgência fazer exames de imagens, ultrassom e mamografia; ao ver a imagem, percebi o tamanho do tumor e meu desespero iniciou, minha cabeça não raciocinava mais nada, meu chão ficou sem direção e o medo tomou conta de mim naquele momento.

A constatação de um câncer de mama com 5 cm de diâmetro foi como se um prédio de 20 andares caísse sobre minha cabeça, um peso que jamais imaginei carregar. Nesse momento, minha vida desabou e a escuridão se formou na minha frente, vendo a morte, tomando um desespero e medo do que vinha pela frente. Eu precisava primeiro acreditar e ficar com mais segurança para poder falar ao meu marido e toda minha família, porque até eu mesma não queria acreditar que estava acontecendo comigo.

Minha vida se transformou, tive que parar, entender tudo que estava acontecendo e poder levantar a cabeça. Foi aí que falei com Deus, me prostei ao chão orando e disse: "Senhor, faz de mim o que quiseres, se o Senhor quiser me levar, estou pronta, se Senhor quiser que continue nessa batalha, também estou pronta". Após essa oração, veio uma paz incrível como se nada estivesse acontecendo, Deus me tranquilizou que tudo aquilo tinha permissão d'Ele e estaria do meu lado o tempo todo.

Exército de Deus: força e amor!

Eu não sabia o que era um exército de Deus, Ele levantou pessoas para me ajudar, me mostrou o que é o amor e o cuidar naquele momento da minha vida. No início de tudo, eu fiquei perdida sem saber para onde ir e nem mesmo como começar, então, esse Exército começou a agir diante de mim. Médicos, amigos e outros me direcionaram para iniciar todo o tratamento em fevereiro de 2020, iniciei uma bateria de exames e todo tratamento no hospital IMIP em Pernambuco. Todos eles foram muito profissionais me passando tranquilidade em todo tempo.

Nesse início, percebi o quanto Deus estava presente e Seu amor era incondicional comigo, Deus permitiu e Ele cuidou. Quando iniciei a primeira consulta com Dra. Marcia Pedrosa, perguntei a ela: "Doutora, eu vou morrer desse câncer?", ela falou pelo Espírito Santo de Deus e disse: "De jeito nenhum, pode ficar tranquila, esse câncer é hormonal e não agressivo!". Nesse tempo, também tinha consulta marcada com uma nutricionista, Marcela Campos, com especialidade em oncologia, e ao ver meus exames ela falou, "Ah, esse tipo de câncer é como gripe em mulher, fique tranquila, é bem positivo o tratamento e vida que segue!". Então, elas foram usadas por Deus para falar comigo, daí em diante o Espírito Santo de Deus tomou conta 100% de mim.

Comecei ver a vida com outra imagem mais clara, menos pesada e até mesmo fazer planos dentro do próprio tratamento. Deus é maravilhoso e Ele sabia que eu estava agoniada e levantou essas profissionais para me tranquilizarem.

Início do tratamento

Em fevereiro de 2020, iniciei minha jornada, não sabia o que vinha pela frente, porém, espiritualmente já estava preparada. A oncologista Dra. Barbara Lafayete me passou todo o tratamento, iniciando com três quimios vermelhas e 12 quimios brancas; em seguida, a mastectomia e, logo em seguida, 12 radioterapias. Antes mesmo de começar a quimioterapia, eu já estava numa dieta acompanhada pela nutricionista e também iniciei treinos funcionais.

Em pleno tratamento estava começando uma pandemia no mundo, nesse momento fiquei apreensiva porque minha imunidade estava bem baixa e todos os cuidados foram rigorosos, mesmo assim, com tanta insegurança do que poderia acontecer na minha vida, fui forte e entreguei tudo a Deus.

O tratamento começou mudar meu corpo, minha aparência, a queda de cabelo e todos os pelos foram caindo, me mostrando uma outra mulher; nesse tempo, percebi que nada disso tinha importância, pois tudo era passageiro e com o tempo voltariam ao normal. Os efeitos colaterais foram muitos, desde os enjoos até falta de paladar, cada químio recebida eu já esperava um novo efeito, mas sempre certa de que tudo passaria, criei uma hashtag: #tudopassa!

Após a queda de todos os pelos e cabelos, fiquei com receio de me ver no espelho e também pensava em me esconder, mas comecei levantar minha autoestima, levantando minha coragem, buscando beleza com sabedoria naquele momento, eu enfrentava uma guerra espiritual e precisa estar bonita para buscar a sua cura. Então, toda vez que eu ia tomar as quimios, escolhia um *look*, o lenço combinando com a roupa e o sapato com bolsa. As médicas e enfermeiras já esperavam qual *look* eu iria naquele dia, pois acabei inspirando todas elas.

A minha resiliência era tão grande que pela manhã eu já me produzia para ficar em casa, uma simples *make* para não aparentar que estava doente, e até mesmo para quem estava ao meu lado me ver bem, pois, nesse tempo do tratamento, passei a ter mais fé e consegui passar para a família e amigos uma fortaleza que vinha de Deus. Após as químios, foi realizada uma mastectomia da mama esquerda, nessa fase não tive medo e nem mesmo dúvida que Deus estava permitindo tudo aquilo. No dia da cirurgia, comecei louvar e dançar no quarto, na certeza de uma vitória e, após a cirurgia, foram realizadas 12 sessões de radioterapia diariamente, hoje faço uso de um medicamento com bloqueio hormonal, o Anastrozol, por um período de 10 anos.

Fé, ousadia e agradecimento!

Nesse período de um 1 ano e 6 meses de enfermidade, Deus me mostrou que a vida continuava e que eu precisava acreditar nas promessas d'Ele. Minha resiliência começou a aparecer de uma maneira que nem eu esperava, nascia ali, naquele momento, uma mulher dentro de mim, criei uma personagem gigante e tudo se fez verdade. O Espírito Santo de Deus começou a agir com muita alegria e força, a ponto de nem mesmo perceber que estava em tratamento de câncer de mama. Nesse tempo, resolvi realizar alguns desejos na minha vida: em pleno tratamento, iniciei sessões de fotos com meu marido, foram momentos de felicidade e grande fortaleza, isso é Deus!

O segundo desejo foi criar um projeto de pediatria com uma estrutura grande, num contexto de reabilitação multidisciplinar, meu lado de empreendedora gritava nesse momento e, nesse espaço da minha vida, achei uma outra mulher forte, ousada, cheia de vida e planos futuros.

Nesse tempo, percebi que após os efeitos colaterais, eu poderia ter uma vida normal, então, criei um espaço "Meu cantinho do café" dentro da minha própria casa, onde pude fazer meus projetos com calma e sabedoria. Eu transformei minha vida, a adaptei para crescer e ser inspiração para outras que passavam pelo mesmo problema, levando palavras de esperança.

Após concluir todo o tratamento, resolvi realizar um sonho de infância: tocar piano. A música sempre me fez bem em qualquer situação, procurei um professor, comecei minhas aulas, comprei um teclado e depois troquei por um grande piano, hoje toco louvores a Deus. Nesse período, realizei um culto de adoração e agradecimento a Deus pela permissão e por cuidar tão bem de mim ao longo de todo tratamento. Foi um testemunho forte, cheio de fé, nesse dia levei um mimo de uma toalha de rosto, de cor rosa, escrito assim: "Deus Cuida"!

Redes sociais, coragem!

Ao longo dessa minha jornada, conheci muitas mulheres que descobriram o câncer de mama e muitas em tratamento, percebi que 70% delas se escondiam com medo do preconceito e insegurança, foi daí que vi o sofrimento delas em se ocultar, gerando depressões e até mesmo óbito. Eu estava entrando nessa *vibe* também, mas Deus me usou para levantar essas mulheres através da minha vida, do meu próprio diagnóstico.

Comecei entrar nas redes sociais contando toda minha história e minha resiliência, nesse momento percebi o quanto aquilo me fazia bem e quantas pessoas estavam se levantando com minha autoestima e fé. Expor a vida em redes sociais não foi fácil, mas quando tem propósito de Deus, tudo fica claro e objetivo.

Passei a mostrar nas redes sociais que é possível ter um diagnóstico de câncer de mama e viver uma vida normal. Minhas postagens começaram a surtir efeito positivo para outras mulheres, elas conversaram comigo pelo *direct*, se expressavam felizes e que eu estava as ajudando a passarem por aquele momento de forma mais leve. Elas enviavam fotos que estavam se produzindo para o tratamento, que acordavam com mais disposição e melhoraram suas autoestimas. Nesse tempo, alguns diziam que eu era a inspiração e o sal na vida delas para prosseguir na luta contra o câncer. Daí em diante senti uma vontade gigante com uma necessidade de continuar e, cada vez mais achar meios de postagens de autoestima e coragem para quem precisasse.

Em 2023, iniciei um projeto, o "Peito com P". Ao longo dessa minha jornada, fui convidada para fazer palestras sobre prevenção e percebi o quanto as mulheres não se importam com a estatística de câncer de mama e, também que após o Outubro Rosa, as mulheres esquecem e deixam de fazer suas prevenções. Esse projeto é para induzir a prevenção a cada quatro meses através do ultrassom, o toque, a alimentação, atividade física e, a mamografia anual.

Prevenção salva vidas!!

“

Naquilo que parecia impossível e não tinha saída, Deus mudou toda minha história, as lutas e a escuridão me fizeram uma forte mulher! Nunca desista!

Rose Melo

Val Fortunato

Nasci em outubro de 1987. Meu nome é Valquíria Fortunato, nascida na Cidade de Guarulhos e criada em São Paulo capital. Filha de Mercedes e Amaro, irmã caçula da Marta, Amanda e Eduardo. Sou cristã, casada há 16 anos, mãe do Arthur e tutora da Summer e do Ben.

Sou dentista, especialista e residente, CEO da VF Clinic, mentora. Acumulei mais de 10 mil pacientes atendidos nesses 8 anos de formada. Embora hoje tenha alcançado êxito profissional e pessoal, não foi sempre assim, pois diante de muitas dificuldades, naturais ou impostas pela vida, tive que manter o bom ânimo para superá-las.

Quando você está longe do seu propósito, fora da direção de Deus, a sua vida é tomada pela escassez.

Decida caminhar em direção à vontade de Deus e a sua realidade será mudada, fabrique você mesmo sua história de vitória e superação alimentada pelo Senhor.

dravalfortunato

+55 (11) 95124-0798

viva.val@hotmail.com

27 COMPREENDA O SEU PROPÓSITO

Por Val Fortunato

"Porquanto, ainda que a figueira não floresça, nem haja fruto na vide; o produto da oliveira minta, e os campos não produzam mantimento; todavia eu me alegrarei no Senhor, exultarei no Deus da minha salvação". Habacuque 3:17.

Não sei o porquê, desde criança, sempre fui considerada "diferente", não sei se a pobreza, a humildade ou a ingenuidade me afastavam das demais crianças, o que me entristecia severamente, mas nada comparado a viver em um lar completamente disfuncional.

Desde cedo, convivi com muitas dificuldades e humilhações como em muitas famílias de periferia, com meus pais se dedicando a trabalhar por baixos salários e, consequentemente, fazendo com que eu viesse a trabalhar logo na infância para complementar a nossa renda familiar. Tive diversas experiências como atendente em bar (boteco) da minha família, pizzaria, depósito de material de construção. Iniciei meu primeiro contato em minha área de atuação aos 16 anos como recepcionista de consultório odontológico, depois como Policial Militar Temporário, sempre exercendo essas funções com muito empenho, dedicação, comprometimento e excelência.

A realidade imposta pela vida fazia que eu enfrentasse muitas lutas e problemas financeiros que nos levaram a passar muitas necessidades principalmente alimentar (fome), violência doméstica e desunião familiar: um lar destrutivo. Esse era o nosso cenário e nossos companheiros mais íntimos, que recordando isso ainda me causa insatisfação.

Uma das recordações mais marcantes era dos finais de semana, nos programávamos para ir às feiras livres e coletar os alimentos que ficavam jogados embaixo das bancas ou estavam impróprios para o consumo. Tínhamos que ficar até o final da feira para procurar, em meio aos lixos, algo que pudéssemos aproveitar. Essa era uma das maneiras que tínhamos para aproveitar nas nossas refeições.

O peso da situação e do cenário que eu vivia pesava sobre meus ombros e decidi transformar e restaurar a minha história, por meio da prosperidade, para mudar a condição da minha definitivamente. Assumi a autorresponsabilidade, mas sem uma direção a seguir, talvez pela imaturidade da idade ou sem ter referências próximas.

Em 2008, iniciei meu ensino superior em Odontologia, algo que para minha realidade parecia muito distante, já que eu fui a única a finalizar o Ensino Médio no tempo certo. Porém, em 2009, fui mãe aos 22 anos e logo após a gestação precisei trancar meu curso. Retornei em 2013 e me formei em 2015.

Certo é que a somatória de superação de dificuldades com a dedicação ao trabalho e aos estudos tornaram-me hábil em gerir qualquer tipo de negócio, é desta forma que a minha carreira como dentista, mentora e proprietária de consultório odontológico é um *case* de sucesso.

Em 2018, conquistei dois consultórios odontológicos, somando muitos atendimentos e reconhecimento pelo meu trabalho. Ao gerir as duas empresas me deparei com cansaço e insatisfação pessoal e profissional, me cobrava muito pela entrega de total excelência do serviço prestado, me vi doente fisicamente e emocionalmente; não contente por ter que me dividir em dois lugares, fechei uma das unidades, centralizei minha energia e hoje vejo que foi a decisão correta a ser tomada.

De 1987 a 2022, posso dizer que estive à deriva, achei que o que me conduzia era a minha disciplina, competência que mantinha em tudo na vida. Em 2022, ano em que aceitei Jesus Cristo como meu único e suficiente Salvador, foi que compreendi que não era somente eu, que o grande provedor é Deus, esse momento de grande libertação em minha vida me levou a honrar e glorificar a Deus, nosso Criador.

2023. Com o Espírito Santo guiando meus passos, fui sobrecarregada com uma agenda lotada de pacientes-amigos, isso mesmo, pois a felicidade deles com o resultado de meu trabalho faz com que eu os considere grandes amigos, dado o carinho a mim dispensado por todos eles.

A cada postagem nas redes sociais, me emociono com as manifestações de afeto, o que me motiva ainda mais a alçar voos maiores, como cursos de especializações e aperfeiçoamentos para melhor atendê-los, mantendo minha marca de excelência.

Nessa trajetória de rotina de consultório, sempre busquei atendimentos "filantrópicos" para que o meu trabalho de servir de forma simples, humilde e generosa, mas com excelência, pudesse beneficiar também os mais necessitados. Mesmo em dias difíceis, tenho o compromisso de entregar o meu melhor, faço minha oração diária, visto a minha melhor roupa, uso meu melhor perfume e me comprometo em entregar o melhor de mim naquele dia. Não é uma tarefa fácil, essa exigência e comprometimento diário geram uma sobrecarga cansativa muitas vezes, porém, tento ao máximo administrar minha rotina de uma forma prática e leve.

Eu acredito que o propósito da minha vida esteja ligado em poder participar da vida do próximo fazendo o possível para que suas vidas sejam de alguma forma melhores, e que não se trata de fazer isso pelo meu "eu", para me engrandecer e sim em seguir os mandamentos que me foram dados.

Desde a faculdade sempre busquei participar de tudo que acontecia no campus, foi aí que percebi a importância de se comprometer com a entrega de tudo que se propõe a fazer: fui convidada pelo coordenador do curso a realizar junto com alguns alunos o congresso do ano e realmente foi o maior evento que a faculdade já havia conquistado em anos, isso trouxe reconhecimento aos órgãos maiores, acumulando até publicações em revistas pela excelência e organização do evento.

Assim que recebi o certificado de conclusão da minha graduação, tive muitas propostas de colegas e professores para exercer meu trabalho em suas empresas, conquistei minha bolsa parcial no curso de pós-graduação já no mesmo ano de formação e publiquei meu primeiro artigo científico internacional, em 2019. Embora fosse reconhecida pelo meu empenho e dedicação, tive dificuldades para lidar com outras pessoas que não estavam acostumadas com meu temperamento, me limitavam, me sabotavam. Com a maturidade espiritual, vejo que isso foi necessário para minha evolução e construção, para que o meu tempo de glorificação acontecesse.

A autodependência pode nos levar ao deserto com desafios, angústias e decepções, porém nenhuma fase dura para sempre, muitas vezes precisamos passar pelo deserto para ressignificar nossa situação. É através de Jesus que damos mais valor à vida e ao que Deus nos concedeu, e assim me liberto de cada deserto mais forte e grata, pois nenhum deserto deve ser lugar de permanência e sim de passagem.

Muitas vezes, somos tomados pela indignação e raiva perante as situações da vida, queremos achar culpados pela nossa situação, mas posso te afirmar que todo passado pode ser corrigido ou ressignificado, pois a misericórdia do Senhor pode trazer restauração à nossa vida, a sua bondade nos acompanhará e nos guiará para todo o sempre.

Independente do seu chamado, primeiro você foi chamado para ser como Jesus, ele é a nossa salvação e o nosso refúgio. Coloque sua esperança nele e confie no Senhor, espere nele, o único que pode transformar a nossa realidade. Ele nos confiou dons e talentos exclusivos, porém, a forma que administramos vai definir nosso sucesso.

A beleza da humildade de Jesus revela que ser comprometido com a verdade, mesmo em situações contrárias, é se submeter à vontade do Senhor, através delas que possamos ser agentes de mudanças e testemunhar as maravilhas da vida com o Pai, ele nos chamou para sermos o sal da terra e a luz do mundo.

É preciso que você entenda que não está aqui por acaso, vivendo uma vida sem sentido e sem propósito, existe um chamado para cada um, Deus nos habilita e nos dá conhecimento necessário para que vivemos nosso verdadeiro propósito. Existe uma promessa sobre nossa vida, uma responsabilidade para cada um de nós.

Não é só no trabalho que superei dificuldades e me dediquei ao máximo. A formação da minha família também exigiu muito esforço, paciência e oração.

Em março de 2007, me casei aos 20 anos, um relacionamento tão inesperado e duradouro, porém creio que este relacionamento foi abençoado por Deus, fazia parte do propósito de nossas vidas. Como mencionado anteriormente, em julho de 2009, com cinco gestações e quatro abortos devido a uma incompatibilidade genética com meu marido, tivemos a felicidade de ser abençoados com a chegada do Arthur, um filho maravilhoso e verdadeiro milagre de Deus.

Não foi um relacionamento fácil, por ser muito exigente e sem referência de um verdadeiro lar, queria muito mais do meu marido e não tolerava as diferenças existentes entre nós. Em junho de 2022, resolvi me batizar, entregando-me a muita oração com fé em Cristo e deixando minha vida nas mãos de Deus.

2023 foi um ano de prosperidade e bençãos, e com uma família sólida, próspera e segura, uma verdadeira dádiva diante da atualidade tão insensível e cruel, hoje eu e minha família vivemos o extraordinário de Deus. Entenda que por mais adversa e impossível que seja a situação na qual você se encontra, Deus está a seu favor e te conduzirá para viver o extraordinário da sua vida, apenas creia e não desista.

A sobrecarga me honrou com a estampa da minha vida nessas páginas, oportunidade que tenho em honrar àquele que nos criou e conduz, o nosso Criador, bem como àquele que deu sua vida para nos salvar e redimir dos nossos pecados, Jesus Cristo.

Pessoas fiéis a Deus compartilham sua fé com pessoas necessitadas, seja você a resposta que procura. Saiba que em nossa vida é importante caminhar na direção certa para que as oportunidades se abram, minha história poderia ter sido outra com muitas lamentações, decepções, medos e dores, mas isso não mudaria minha situação. Ter atitude de fé me levou a ser vitoriosa e vencedora diante das muitas circunstâncias contrárias.

Espero que a minha história inspire outras pessoas a seguirem o caminho de Jesus Cristo, honrando e glorificando nosso Deus, Pai Amado e Eterno.

“

Decida confiar em Deus hoje e certamente terá uma vida de propósitos e vitórias. Desperte para o novo tempo e viva o extraordinário.

Val Fortunato

Vanessa Vasconcellos

Sou Vanessa Vasconcellos, gaúcha de Porto Alegre, mas já faz 15 anos que moro em Cabo frio/RJ, cidade maravilhosa onde eu recomecei minha história de vida, de uma improvável, e hoje formada na psicanálise no IFD - Instituto Fazendo a Diferença. Sou casada, mãe e fui promovida a avó de um lindo e apaixonante menino.

Aos 41 anos, estou vivendo muitos sonhos, sou apaixonada pela presença de Deus, por adorar, apaixonada pela vida e pela psicanálise, onde posso ajudar clientes a ressignificarem sua história assim como eu dei um novo sentido à minha. Quando descobrimos nosso propósito de vida, tudo fica mais leve. Fazer o que se ama é um privilégio, servir ao próximo, ter minha vida transformada é incrível, mas poder ajudar outras vidas é extraordinário. Acredite em você, você nasceu para dar certo!

Seus traumas não são para te parar, mas para descobrir seu propósito de vida.

+55 (22) 99236-8748

vasconcellos.cf@gmail.com

psivanessavasconcellos

28 TRANSFORME A SUA MAIOR DOR NO SEU MAIOR CRESCIMENTO

Por Vanessa Vasconcellos

Quando achei que tudo estava perdido, que me encontrava sem forças para viver e desacreditada de mim e dos meus sonhos, cheguei a pensar em tirar minha vida para acabar com toda a dor e sofrimento que eu me encontrava.

Então, logo depois de uma crise, um surto de revolta, Deus me surpreendeu com sua presença e promessa. Ele me fez acreditar em mim e eu fui lá e fiz pela minha vida, pelos meus filhos.

Hoje, depois da decisão que tomei no passado, venho me descobrindo e vivendo a melhor fase da minha história. Como psicanalista cristã, pude ressignificar e dar um novo sentido à minha história. Eu era uma improvável que hoje consegue ajudar outras mulheres através da terapia e de palestras com meu testemunho.

Tive uma infância muito difícil: abandono, rejeição, abusos e tentativas de abusos e muita escassez. Sem mãe, pai alcoólatra, fui morar com um namorado aos 14 anos. Eu estava feliz. Achei que tinha encontrado um príncipe que iria me tratar bem, me dar um lar e seria suprida. Apesar do passado dele, que não era de boa fama no bairro, eu acreditei naquela oportunidade.

No mesmo ano em que começamos a morar juntos, já começou o relacionamento abusivo. Ele voltou a usar drogas, a chegar tarde em casa, a mentir e a me tratar mal. Eu segui tentando, pois não tinha outra opção e não queria voltar para casa do meu pai. Logo em seguida, nasceu nossa filha. Ele ficou feliz e eu achei que iria melhorar e seríamos uma família feliz. Mas não foi nada disso. Ele também tinha dois filhos antes de nos conhecermos e era bem complicado, pois não tinha nenhum compromisso de pai. Sua ex vivia na expectativa deles voltarem, então não era fácil saber que ela fazia trabalho em centro de umbanda para ele voltar para ela.

Ele foi ficando cada vez pior, evoluindo com as drogas até chegar no crack. No meio do caminho, ficamos com o sobrinho dele de 1 ano, que era filho fora do casamento do irmão dele. O irmão dele prometeu em ajudar e eu acreditei novamente que eu daria conta de cuidar. Eu tinha 20 anos e era imatura, eu achava que eles cumpririam com sua palavra.

Os anos foram passando e eu sustentei a casa sozinha, e todas as necessidades das crianças. Ele, cada vez mais afundando no crack, estava roubando a própria família, tirando eletrodomésticos para vender. Já não trabalhava mais, pois dormia de dia e à noite ficava nos vícios. Quando vendeu o leite das crianças e gastou até minhas passagens do trabalho enquanto nós dormíamos, foi onde entrei em desespero, depressão e decepção. Mais uma vez, me via com dor e sofrimentos iguais aos da infância.

Ali, fiquei depressiva. Só me levantava para trabalhar e todas as manhãs tinha que lembrar onde tinha escondido o dinheiro das passagens. Muitas vezes, sem luz, sem água, ele mentia que pagava, que era o que eu deixei na responsabilidade dele. Pedi para me separar várias vezes e, no começo, ele prometia a mudar. Mas nos últimos anos, ele me ameaçou de morte. Ele dizia que não tinha mais nada a perder e que se eu o abandonasse, ele se mataria. Em uma madrugada, tentou me matar com uma arma que tinha, pois imaginou que eu tivesse um amante e que, por isso, queria me separar. Não porque ele era um marido disfuncional, que não cumpria com suas funções. Hoje, infelizmente, essa é uma realidade de muitas mulheres no mundo. Por isso, temos tantas mães solteiras e crianças com traumas.

Foi então que tive uma crise. Tudo estava insuportável e insustentável. Eu estava tomando até antidepressivo e já tinha pensado em tirar minha vida e deixar minha filha com minha irmã. Nessa crise, chorei muito, muito mesmo. Quebrei um copo na parede, revoltada com tudo aquilo.

Pedi ajuda para os irmãos dele, mas eles me disseram que eu que fosse procurar uma casa de recuperação gratuita. Se ele estava assim, era culpa minha. Eles não iriam pagar uma clínica. Quando questionei, pois ele quando trabalhava com o irmão era na informalidade, eles ficaram ainda mais furiosos e vieram pra cima de mim querendo me bater. Foi aí que saí dali e, em casa, aconteceu a crise de injustiça e desespero. Comecei a orar no meu quarto, perguntando a Deus: "Se você existe, me fala alguma coisa, me mostra. Pois eu não sei mais no que acredito. Estou fazendo a minha parte, pois não mereço passar por isso."

Ali, abri uma Bíblia e, como um bálsamo, entendi Deus falando. O choro já era diferente. Deus existe e se preocupa comigo. Comecei a crer nessa promessa e a pensar no que fazer para sair daquela situação sem ser mais uma vítima de feminicídio, pois a lei Maria da Penha só tinha dois anos em vigor. Hoje, no ano de 2023, a lei Maria da Penha tem 17 anos.

Lembro-me de ter ido à delegacia me informar sobre o que eu poderia fazer para me separar e tirar ele da casa, pois já estava roubando a própria família. Os policiais disseram que não poderiam fazer nada, pois a casa também era dele e ele não tinha me agredido fisicamente, não havia marcas. Teria acontecido algumas vezes de dar tapas no meu rosto, quando estava em crise de abstinência querendo mais dinheiro para o vício. Só se eu entrasse na justiça e pedisse a separação, mas quem iria a segurar a minha vida até a justiça resolver tudo? Tinha medo dele, pois como disse, não tinha boa fama. Saí da delegacia desacreditada.

Agora, não podia contar com a família dele. Ele era viciado, tinha me ameaçado, me atormentado, me perseguido, desconfiado que eu estava planejando ir embora. E estava. Saí de Alvorada, Rio Grande do Sul, para Cabo Frio, Rio de Janeiro. Foi muito difícil. Pedi demissão, comprei as passagens. Um parente morava aqui e me apoiou e foi me buscar. Guardei uns dois mil reais, três malas, duas crianças e uma esperança de viver. Fugi para não ser uma estatística do feminicídio, que hoje é em torno de 722 casos de janeiro a junho de 2023.

Feminicídio está definido como um crime hediondo, assassinato cometido por companheiros. No Brasil, em média, quatro mulheres são mortas diariamente, segundo o Ministério da Justiça e Segurança Pública..

"Não entregue tua alma para a tristeza, Não atormentes a ti mesmo em teus pensamentos. A alegria do coração é a vida do homem, e um inesgotável tesouro de santidade." Eclesiastes 30:22 e 23

Hoje sou grata pela coragem e fé de ter fugido. Se tivesse ficado, com quase toda a certeza, teria morrido ou desistido de viver. Mas nunca foi realmente minha intenção desistir da vida, e sim acabar com a dor da alma, a tristeza, as frustrações. Só quem já passou por isso sabe como é terrível viver com um viciado.

Hoje tenho uma percepção que, infelizmente, os suicidas nunca quiseram desistir de viver porque cansaram da vida, mas quiseram tirar essa dor que os assolou e perturbou. Acham que não tem mais jeito para seus problemas, se sentem sozinhos e não amados. Se sentir amado, pertencente, acolhido pela sociedade é uma necessidade básica de todo o ser humano.

No primeiro ano aqui na minha nova cidade, já recomeçando a vida como manicure e morando em um *kitnet*, casada novamente, tive a notícia de que o pai da minha filha tinha sido assassinado. Foi assim que consegui voltar lá no RS, ver minha família, meu pai e vender a casa que estava em meu nome. Mas pensa num choque ver a casa que sonhei, que era um projeto de família, onde morei com meus filhos, com a janela perfurada de bala e que poderíamos também estar ali e coisas piores poderiam ter acontecido. Foi um misto de sentimentos. Chorei muito em saber que um vício modifica a vida de uma pessoa, de uma família. As decisões definem o destino. Eu tinha conseguido decidir o meu e das crianças, e ele decidiu o dele. Mas mesmo sabendo que eu estava certa, me veio um sentimento de culpa de que "se eu tivesse feito mais?". Sentia pena, apesar de tudo que ele me fez passar nos 12 anos. Ali, liberei perdão para ele.

Para mim, foi um processo mais demorado. Consegui me perdoar e liberar perdão para as dores, a culpa e os traumas do passado no Encontro com Deus na minha igreja, Igreja Apostólica da Família, consegui ressignificar e as coisas começaram a melhorar cada vez mais na minha vida. Fui mãe novamente, tive meu caçulinha, hoje com 12 anos, e fui impulsionada a crescer a me especializar.

Assim foi meu processo de entender e clarificar minha identidade de filha amada. Deus sempre esteve comigo, me protegendo de coisas piores. Tudo que passei não foi para me destruir nem ficar sentindo pena de mim, pois isso aconteceu por muitas vezes, esse sentimento de me sentir tão miserável que nada dava certo para mim, que ninguém me ajudava, que as pessoas só queriam se aproveitar e depois me abandonavam. Andava encurvada, parecia estar com muito peso nos ombros e fumava muitos cigarros, quase duas carteiras por dia. Mas no Encontro com Deus, decidi parar e consegui, estou há 12 anos sem fumar e sempre me cuidando, entendi a importância dos três pilares da vida: Corpo, Alma e Mente.

Minha história é uma história de superação e esperança. Ela mostra que, mesmo nas situações mais difíceis, é possível encontrar um caminho para a felicidade, com fé.

Eu espero que minha história inspire outras mulheres a nunca desistirem dos seus sonhos.

Que Deus abençoe grandemente sua vida e seus sonhos, assim como Ele tem feito na minha.

"

Muitos podem te olhar como um improvável, mas Deus te enxerga como um escolhido. Só você tem o poder de decidir sua história.

Vanessa Vasconcellos